Galloway - Faszination einer Rinderrasse
Ole Grubbe

Zur Erinnerung an die aufregenden und schönen Jahre mit
Queen 2nd of Miefield,
Kirsten of Castlefairn,
Craigmuie Fedora,
Craigmuie Floradora,
Glennapp Thrift,
Landward of Todstone
und ihren zahlreichen Nachwuchs

Die Deutsche Bibliothek - CIP-Einheitsaufnahme
Grubbe, Ole:
Galloway : Faszination einer Rinderrasse / Ole Grubbe.
Vechta : Vechtaer Dr. und Verl., 2000

ISBN 3-88441-172-1

© 2000
Alle Rechte vorbehalten, auch die des auszugsweisen Abdrucks und der fotomechanischen Wiedergabe.

Gesamtherstellung:
Druckerei Ostendorf, 49661 Cloppenburg

GALLOWAY
Faszination einer Rinderrasse

Ole Grubbe

"LANDWARD OF TODSTONE"

Bleistiftzeichnung Doris Katharina Benkwitz,
Ausschnitt, 29 x 37 cm, Original im Besitz des Verfassers

Inhalt

Vorwort 6

Anmerkungen zur Geschichte der Galloways 9

Das Galloway-Rind 20

Galloways in Schottland 26

Das Blue-Gray-Rind 33

Galloways in Nordamerika 36

Die Farbschläge der Galloways 46

Galloways international 102

Galloways und Emotionen 105

Das kleine Wunder 110

Galloways in Deutschland 112

Erfahrungswerte aus dem Zuchtgeschehen 124

Galloway-Zucht und Haltung 127

Der Erwerb eines Galloway 136

Der Bundesverband Deutscher Galloway-Züchter e. V. 138

Der BDF und die Landesverbände der Fleischrinderzucht 139

Das 1998 gegründete Galloway-World-Council, Mitglieder 141

A Farmers' Boy 144

Galloway-Tratschtanten 144

Vorwort

Schon bei dem ersten Aufeinandertreffen üben Galloways auf den Menschen alleine vom Aussehen her eine besondere Wirkung aus und dieses um so mehr, wenn Kälber bei ihren Müttern sind. Galloways sind in jeder Beziehung anders als die anderen Rinder - faszinierend eben, wenn man sie erst einmal richtig kennt. Ein bekannter Galloway-Züchter und Freund hat es einmal so formuliert: „Galloways machen süchtig!" Der Umgang mit Galloways fördert die Gesundheit und sensibilisiert für die Natur und neue Werte und letztlich sei es erlaubt zu sagen: „Die Galloway-Leute sind zumeist wie ihre Tiere - einfach liebenswert.

In den vielen Jahren meiner Arbeit am deutschen Galloway-Journal und im Bundesverband Deutscher Galloway-Züchter wurde mir immer wieder die Frage gestellt, ob es in Deutschland ein Buch über Galloways gebe. Stets mußte ich das verneinen. Es ist zwar 1982 vom Nestor der deutschen Galloway-Zucht, Herrn Helmut Schornstein, ein Büchlein in kleiner Auflage herausgegeben worden, aber es ist längst vergriffen und nirgends mehr erhältlich.

Später wurde mir dann häufiger die Frage gestellt, ob nicht eventuell ich selbst ein Buch schreiben könne oder wolle, was natürlich zunächst kategorisch verneint wurde. Eines Tages jedoch saß der Stachel und es entwickelte sich langsam die Idee, ein Konzept für so ein Buch zu erarbeiten. Grundidee war es mir, ein Buch herauszugeben, welches meine Erfahrungen als Galloway-Züchter und Kenner der Rasse wiedergibt und welches sowohl für den alten Hasen, den Kuh-Freund allgemein oder den Neuling unter den Galloway-Liebhabern gleichermaßen attraktiv sein sollte.

Das Ergebnis liegt nun vor Ihnen. Es sollte kein Fachbuch im eigentlichen Sinne werden, aber es sollte gründlich informieren und Kenntnisse erweitern helfen. Ganz besonders aber sollte das Buch über die schönste Kuh der Welt Auge und Herz ansprechen. Die besondere Ausstrahlung versuchen wiederzugeben war das erklärte Ziel, denn sie ist ja neben den anderen unbestrittenen Qualitäten das bestechende Merkmal dieser Rasse. Ihnen gegenüber zu stehen und nicht innerlich berührt zu sein ist so gut wie ausgeschlossen.

Es wurde versucht, umfangreiches und zum größten Teil noch nie veröffentlichtes Foto- und Bildmaterial mit den Texten zu verbinden, einfach um die Faszination Galloway möglichst deutlich zu machen und an den Leser weiter zu vermitteln. Mit Genehmigung der beiden schottischen Verbände und der bekannten amerikanischen Züchterin Mrs. Jane Faul wurden zur Historie alte Fotos und Stiche herangezogen. Die Zeichnungen stammen von der namhaften Tiermalerin Doris Katharina Benkwitz sowie Künstlerinnen aus meiner Familie. Die Karikatur der Galloway-Klatschtanten zeichnete der Verfasser selbst. Das moderne Fotomaterial stammt ausschließlich aus dem Archiv des Autoren.

Es bleibt zu hoffen, daß es gelungen ist, die Begeisterung für diese besondere Rinderrasse und ihre zahlreichen Farbschläge zum Ausdruck zu bringen und auf die Leser und Betrachter zu übertragen. Ich hoffe sehr, daß der erfahrene Galloway Züchter sich selbst und seine Tiere erkennt und bestätigt findet und der Neuling angeregt wird, die Rasse Galloway für sich zu entdecken. Zu diesem Zweck wurde auch eingehend auf die organisierte Rinderzucht in Deutschland, die gesetzlichen Rahmenbedingungen für Zucht und Haltung sowie den Erwerb von Tieren eingegangen. Wenn dieses Buch wenigstens teilweise dazu beitragen sollte, vielen Menschen eine andere Sicht der Galloways zu vermitteln, eine sehr positive natürlich, hat meine Arbeit ihren Zweck erfüllt.

Cloppenburg, Oktober 2000
Ole Grubbe

Kuh „Craigmuie Floradora" im Alter von sechs Jahren

„Landward of Todstone", zwei Jahre alt

Anmerkungen zur Geschichte der Galloways

Entstehung der Rasse

Um es gleich eingangs klarzustellen, die Abstammung der Galloways liegt bis heute im Dunkel der Geschichte und sie wird es wohl auch bleiben. Es gibt in der heutigen Zeit keinen Grund für eine teure genetische Spurensuche. Gehandelt werden seit dem 18. Jahrhundert zwei Theorien, die wie sollte es auch anders sein, beide ihre Anhänger und Gegner haben. Der Leser mag seine Phantasie spielen lassen und sich für die eine oder andere Meinung entscheiden, sein eigenes Urteil bilden, nachdem der Autor die Beweggründe für die jeweilige Hypothese etwas eingehender behandelt hat.

Nach der einen Version stammt das Galloway von einem frühen hornlosen Kelten-Rind ab. Sie begründet sich auf der Geschichte der Kelten und auf vergleichende archäologische Funde in ganz Europa und natürlich in diesem Fall in Schottland. Die Kelten waren einer der den Germanen ähnlichen indogermanischen Hauptstämme und gelten nach heutigem Verständnis als lebhaft, tapfere Krieger, gute Handwerker und vor allem auch als gute Viehzüchter und als offensichtlich überaus „reisefreudig". Irgendwann zwischen 800 bis 500 vor Christi Geburt müssen die ersten keltischen Einwanderer in Schottland angekommen sein und sie müssen sich recht bald mit den Ureinwohnern arrangiert und vermischt haben. Ausgrabungen von Hügelbefestigungen, Ansiedlungen und Hofanlagen und die typischen Abfalluntersuchungen mit Funden von Waffen, Geschirren und Knochen geben gute Anhaltspunkte darüber. Gerade aus den Knochenfunden glaubt man auf das Galloway und seine Entstehung in dieser Zeit unter dem Einfluss der Kelten schließen zu dürfen.

Damals im 18. Jahrhundert wie heute gibt es jedoch viele Gründe aus Erfahrungen der Viehzucht der letzten etwa 300 Jahre, die auch dagegen sprechen. Zum einen ist es eine Sache, auf dem europäischen Festland zu vorchristlicher Zeit über viele Jahre oder Jahrzehnte mit all seinen Habseligkeiten und dem Vieh überall hin zu gelangen. Zu der Zeit aber der Einwanderung der Kelten die Insel Britannien mit genügend Vieh zu erreichen, daß man in wenigen hundert Jahren eine endemische neue Rinderrasse aus vorhandenen Urrindern und Keltenrindern schaffen kann, ist eine ganz andere. In vielen Rinderrassen Europas, vor allem in den alten sogenannten Landschlägen und Dreinutzungsrassen konnte man über vergleichende Untersuchungen bei kleinen oft weit voneinander entfernten mehr oder weniger isolierten Populationen Verwandtschaften festlegen, die auf den gleichen Ursprung und keltischen Einfluss hindeuteten. Darüber hinaus halfen natürlich auch römische Schriften bei der Identifizierung und Zuordnung.

Für das Galloway gilt das jedoch nicht. Es gibt außer den alten Angus- und Aberdeen-Rindern in der gleichen Region keine vergleichbare Rinderrasse im ganzen ehemaligen Siedlungsraum der Kelten, in ganz Eurasien. Dieses ist das Hauptargument der Verfechter der zweiten Theorie, die im Galloway die Nachfahren eines prähistorischen hornlosen Rindes sehen, das aufgrund der isolierten Insellage Britanniens und der besonderen klimatischen Bedingungen entstehen und sehr ursprünglich überleben konnte. Die Knochenfunde in Siedlungsresten der Kelten deuten nach ihrer Meinung lediglich darauf hin, daß die Kelten dieses Rind auf ihrem Speiseplan hatten und daß es wohl schon von den Ureinwohnern domestiziert worden sein könnte.

Die in einigen alten Rinderrassen Britanniens, zumeist ebenfalls sogenannte Landschläge, vorhandene Kelten-Rind-Genetik wird wohl eher mit von den Römern auf die Insel mitgeführten Rindern keltischen Ursprungs eingeführt worden sein. Wie immer der Ursprung auch sei, den Galloway-Liebhabern ist das nicht so wichtig.

„Eine fette Galloway-Färse", kolorierter Stich von George Garrard aus dem Jahr 1805

Erste Hinweise auf die Rasse

Zu Beginn des zweiten Jahrhunderts nach Christi Geburt hatten die Galloways ihren ersten Auftritt in das Bewußtsein der Weltöffentlichkeit. Die damalige bekannte Welt umfaßte das gesamte römische Imperium und nicht eroberte Randgebiete in Europa, Asien und Nordafrika. Die Römer hatten gerade den größten Teil der britischen Insel erobert und nach ihrem Verständnis zu zivilisieren begonnen. Im Norden der Insel allerdings leisteten die von ihnen angeblich wegen ihrer Schrecken verbreitenden Kriegsbemalung Pikten genannten Schotten erbitterten Widerstand und überfielen im Gegenzug bei jeder sich bietenden Gelegenheit die eigentlich überlegenen Römer. Die Pikten waren wegen ihres Wagemutes und ihrer Grausamkeit so gefürchtet, daß Kaiser Hadrian den Bau des nach ihm benannten Hadrianwalles anordnete.

Von 122 n. Chr. bis 128 n. Chr. bauten dann die Römer diesen 118 Kilometer langen Schutzwall nach bewährtem Muster mit Kastellen, Wachtürmen und Toren und hatten somit erst mal Ruhe. Da die römischen Legionen immer Beamte und Schreiber im Gefolge hatten, weiß man heute recht gut Bescheid, was damals alles geschah. Die Schriften wurden vervielfältigt, über das ganze Reich verteilt und somit die Inhalte an allen Orten bekannt gemacht. Für die Zeit des Baues und danach gibt es eingehende Schilderungen auch vom Tauschhandel über den Wall hinweg und erste detaillierte Beschreibungen eines kleinen aber gedrungenen schwarzen langhaarigen und hornlosen Rindes, das sehr feines und wohlschmeckendes Fleisch lieferte. Es wurde kein Name genannt, der Name Galloway für die Region erscheint auch erst im Frühmittelalter. Es kann sich jedoch nach den Beschreibungen nur um das Galloway gehandelt haben. Erst etwa 35 Jahre später, nachdem die Römer weiter nach Norden vorangekommen waren, gibt es Beschreibungen der größeren aber ähnlichen Angus- und Aberdeen-Rinder.

Die Römer gelten bis heute als die Feinschmecker schlechthin und gerade Tacitus war es, der der Nachwelt sehr eindrucksvolle detaillierte Schilderungen von den Gelagen und Essorgien überliefert hat. Ihm wird oftmals auch die erste Beschreibung des Galloway nachgesagt. Ziemlich sicher haben wir es jedoch einem seiner Kollegen zu verdanken, denn zum Zeitpunkt des Entstehens des Hadrianwalles war Tacitus schon ein paar Jahre tot.

Danach gibt es zunächst keine überlieferten Hinweise auf das Galloway. In spätmittelalterlichen Schriften vornehmlich von Mönchen und Priestern werden sie gelegentlich erwähnt und das stets positiv. Erst ab dem siebzehnten Jahrhundert mit den ersten Schritten in eine zielgerichtete Rinderzucht gibt es wieder Hinweise in der Literatur und mit Beginn des achtzehnten Jahrhunderts sogar erhaltene Stiche, Zeichnungen und auch Gemälde von Galloways in Büchern und Sammlungen. Gerade aus dieser Zeit sind auch sehr viele Hinweise auf die damalige große Bedeutung der Rasse Galloway in Britannien und auf die zahlreichen unterschiedlichen Farbschläge erhalten. Offensichtlich sind einige von ihnen sehr viel älter als bisher angenommen. Einige werden dort sogar als zwar noch bekannt aber schon ausgestorben beschrieben.

Die große Zeit der Galloways

Die Blütezeit der Rasse Galloway dauerte von etwa der Mitte des 17. Jahrhunderts bis zu Beginn des 19. Jahrhunderts. Für diesen Zeitraum sind eine Unzahl Schriften und Hinweise von namhaften Zeitzeugen überliefert, die viele übereinstimmende und nur positive Bemerkungen zum Galloway machen. Einige dieser Aussagen hatten natürlich seinerzeit eine ganz andere Bedeutung als heute und müssen entsprechend vorsichtig interpretiert werden. Das gilt ganz besonders für die Nennung der hervorragenden Masteigenschaft, Mast nach heutigen Vorstellungen und Maßstäben gab es nicht, nur mehr oder weniger hervorragende Futterverwertung.

Im 17. und 18. Jahrhundert waren die Jahre der „Drover", der Treiber, die überall auf der Insel große Herden Rinder sammelten und dann zu den Märkten der schnell wachsenden Städte trieben. Nach Überlieferungen waren das besonders harte und im Umgang mit Rindern überaus erfahrene Männer, die entweder für Lohn aber auch als selbständige Unternehmer diese Arbeit erledigten. Einige besonders gute und erfolgreiche Drover sollen steinreich geworden sein. Die Galloways aus Schottland wurden überwiegend nach London und zu den Großstädten getrieben, weil man sie nirgends besser bezahlen konnte und wollte. Die Schlachter zahlten für Galloways je nach Qualität mindestens zwei Pfund mehr als für jede andere Rinderrasse, und das Pfund war damals ein Vielfaches mehr wert als heute.

Den überlieferten Beschreibungen nach benötigten erfahrene Mannschaften für die Strecke von Schottland nach London etwa drei Wochen. Die Galloways wurden gerühmt, etwa 100 Meilen / 152 Kilometer in der Woche zu schaffen und von allen Rassen auf diesen Trecks die geringsten Tierverluste einerseits und individuellen Substanzverluste andererseits zu erleiden. Es steht geschrieben, daß einige Drover es schafften, magere Galloways von Extremstandorten mit Gewichtszunahmen abzuliefern.

Die Kommunen entlang der Routen waren per Gesetz gehalten, zum Erholen und Fressen für diese Herden Grasland bereit zu stellen, und es versteht sich von selbst, daß das in der Regel das minderwertigste war. Offenbar kamen nur die Galloways damit gut zurecht und es wurde ihnen immer wieder die überragende Mastfähigkeit und Robustheit bescheinigt. Dieses in Verbindung mit den sehr guten Erlösen führte dazu, daß das Galloway für viele Jahrzehnte das marktbeherrschende und am weitesten verbreitete Rind Britanniens wurde. Es wurde nicht nur Schlachtvieh gen Süden getrieben, sondern auch Zuchtvieh. Im Einzugsbereich der großen Städte hielten die Landwirte überall auf der Insel bevorzugt die Galloways.

Dort begann man dann auch die aufgrund der oftmals sehr guten Weidegründe bessere Milchleistung teilweise den Kälbern vorzuenthalten und abzumelken. Aus dem 18. Jahrhundert sind tägliche Milchleistungen über einen Zeitraum von sieben bis acht Monaten von bis zu 20 Quart / etwa 23 Liter als durchaus üblich überliefert. Die Galloway-Milch galt als sehr fett mit einem hohen Anteil an Kasein, einem phosphorhaltigen Proteid, was einen sehr gefragten Käse ergab.

Im Stadtarchiv von Carlisle hat man eine Zollabrechnung aus dem Jahre 1663 gefunden, in der für das laufende Jahr Wegezollabgaben für die Passage von 18574 Galloways verzeichnet sind. Das ist eine unglaubliche Zahl, vor allem wenn man berücksichtigt, daß Carlisle nur eine von zahlreichen Zollstellen war. Alleine diese Zahl mag

Galloway Bulle, 1830 von Howe gemalt

verdeutlichen, welche Bedeutung das Galloway damals hatte. Schon lange vor Gründung des Herdbuches gewannen Galloways bedeutende Preise auf den großen Schauen. Der schottische Newcastle Chronicle schreibt 1857, daß die Galloways prinzipiell die Attraktionen auf den Schauen sind.

Der Niedergang der Rasse Galloway

Die beginnende Industrialisierung und das schnelle Wachstum der Städte forderten ein Umdenken und schnelles Reagieren in der landwirtschaftlichen Produktion. Es wurde immer mehr tierisches Eiweiß in Form von Milch und Fleisch gefordert. Etwa zu Beginn des 19. Jahrhunderts begann ein Wandel in der Fleischproduktion, der seinen vorläufigen traurigen Höhepunkt in der BSE-Krise des ausgehenden 20. Jahrhunderts hatte. Segel- und später Dampfschiffe brachten Guano aus Süd Amerika als hochwertigen Dünger nach Europa und es wurde damit die moderne leistungsfördernde Düngung begründet. Die Viehzucht passte sich den verbesserten Rahmenbedingungen an und die alten Zweinutzungsrassen der Rinder wurden entweder auf Fleisch oder Milch selektiert und über Kreuzung in den jeweiligen Leistungen weiter gezüchtet. Das Galloway als Einnutzungsrind hätte beim Fleisch anfangs sicher mithalten können, aber besonders seine immer wieder gerühmten Qualitäten wurden ihm zum Verhängnis.

Die britische Insel hat große Landschaftsanteile mit marginalem Charakter wie beispielsweise Wales, Cornwall oder Schottland. Auf diesen Flächen gedeihen eigentlich nur Schafe und Galloways. Erstere gedeihen sogar besser, wenn die Galloways für sie die Weiden putzen und nach heutigem Verständnis Landschaftspflege treiben. Die Galloways wurden damals zu Gunsten der Intensivrinder auf diese Marginalflächen zurückgedrängt und gingen damit natürlich zahlenmäßig schnell und stark zurück.

Obwohl die Qualität dieser Rasse weiterhin unbestritten war, verlor das Galloway am Markt weiter an Boden. Der absolute Tiefststand der Population war wohl um 1908 erreicht. Damals machten die Galloways nur noch 0,4% des gesamten britischen Rinderbestandes aus. In anderen Ländern wie beispielsweise Nordamerika und Südafrika gab es kleine Bestände, die jedoch zahlenmäßig nicht erfasst waren, da sie wirtschaftlich ohne Bedeutung waren. Es gibt jedoch leider nicht gesicherte Hinweise, daß 1911 in 23 USA-Staaten und Alaska von 360 Mitgliedern des amerikanischen Herdbuches etwa 35000 Galloways gehalten worden sein sollen.

Sein Überleben hat das Galloway letztlich drei Faktoren zu verdanken. Einmal der Weisheit der alten schottischen Züchterfamilien, die als Schaffarmer die excellente Arbeit der Rasse in der Landschaftspflege als Weideputzer nicht missen wollten und darüber hinaus der Sturheit eben dieser Familien des Festhaltens an den Galloways schon aus Familientradition. Ein wesentlicher Grund war jedoch auch wegen der wirtschaftlichen Bedeutung die Nutzung der Galloways zur Erzeugung der berühmten Blue-Grays, der blauschimmelfarbigen Kreuzungen aus White Shorthorn x Galloway. Die weiblichen Blue-Grays gelten noch heute als die beste und wirtschaftlichste Mutterkuh der Welt und sie erleben im Moment gerade eine Neuauflage ihrer Bedeutung in Großbritannien.

Schon vor der Gründung des ersten Herdbuches begannen die Züchter der schwarzen Galloways, sie waren schon immer in gewaltiger Überzahl, die Farbe Schwarz mit dem Argument der größeren Robustheit als erfolgreiches Trademark, als Warenzeichen zu nutzen. Das führte relativ schnell zum Rückgang der anderen Farbschläge. Mit Gründung des ersten Herdbuches 1862 wurden alle Farben außer Schwarz und Braun von der Eintragung und damit offizieller Zucht ausgeschlossen.

1881 in der „Cyclopedia of Live Stock" in den USA veröffentlicht, der alte Holzschnitt von einem unbekannten Künstler

In wirklich allerletzter Minute, erst 1921 gründeten einige alte Züchterfamilien der Belted Galloways einen eigenen Herdbuchverband, um den letzten auch nur noch in wenigen hundert Individuen erhaltenen Farbschlag überleben zu lassen. In der Folgezeit hat sich der Bestand der Galloways insgesamt wieder etwas erholt und bei einer Bestandsgröße in Großbritannien von etwa 575 Herden, 406 Bullen und 15000 Kühen in der Zucht stabilisiert (Baker 1976).

Obwohl es vorher schon gelegentlich Exporte gegeben hat, nach dem zweiten Weltkrieg erst setzte nennenswerter Export ein. Es wurden nach Russland, Frankreich und Italien jeweils einige hundert Tiere ausgeführt, haben jedoch dort keine wirklich überlebenden Bestände hinterlassen. Australische und Neuseeländische Soldaten, vornehmlich Bauern und deren Söhne, die in Großbritannien Dienst taten und die Galloways kennen und schätzen gelernt hatten, sorgten für größere Exporte in ihre Heimatländer. In beiden Ländern haben sich die Galloways inzwischen auf einem niedrigen aber sicheren Bestandsniveau etabliert, wobei in Neuseeland das Belted Galloway eindeutig überwiegt. Besonders in Australien befinden sich die Galloways momentan besonders als Vaterrasse in der Kreuzungszucht und im Fleischqualitätswettbewerb im Aufwind.

Über die Exporte nach Deutschland ab Mitte der achtziger Jahre des 20. Jahrhunderts müssen nicht viel Worte verloren werden. Sie waren gewaltig und erschütterten die schottischen Verbände, sodaß die Vorsitzenden vor dem Ausverkauf warnen mußten und später notwendigen Re-Importen. 1990 mit der BSE-Krise wurde dieser Boom gestoppt. Trotzdem hat die Rasse Galloway in keinem anderen Land so viel nachhaltige Wirkung gezeigt und sich so gut und im Bestand auf recht hohem Niveau integrieren lassen. Heute gibt es in Deutschland mehr Herdbuch-Galloways als in ihrer ursprünglichen Heimat Schottland.

Man darf heute davon ausgehen, daß das Galloway endgültig vor dem Aussterben bewahrt ist, da es zur Zeit auch in Großbritannien wieder gefragt ist und weltweit Interesse an der Rasse besteht. Einhergehend mit der weitestgehend industrialisierten Landwirtschaft und Viehzucht setzen sich immer deutlicher die Forderungen zur Erhaltung alter Kulturlandschaften, zur Rückkehr auch zur artgerechten Tierhaltung und humaner Fleischproduktion unter Nutzung der natürlichen und betriebseigenen Resourcen durch und dahinein passt das Galloway nur zu gut.

"QUEEN 2ND OF MIEFIELD"

Bleistiftzeichnung Doris Katharina Benkwitz,
Ausschnitt, 29 x 37 cm, Original im Besitz des Verfassers

*Galloways schauen Dich an
Jedes hat Tier seine eigene Ausstrahlung*

Das Galloway-Rind

Ansichten und Aussagen

In seinem Handbuch für Thierärzte und Hufschmiede „𝕯𝖊𝖗 𝖎𝖑𝖑𝖚𝖘𝖙𝖗𝖎𝖗𝖙𝖊 𝕳𝖆𝖚𝖘𝖙𝖍𝖎𝖊𝖗𝖆𝖗𝖟𝖙 𝖋𝖚̈𝖗 𝕷𝖆𝖓𝖉𝖜𝖎𝖗𝖙𝖊 𝖚𝖓𝖉 𝕳𝖆𝖚𝖘𝖙𝖍𝖎𝖊𝖗𝖇𝖊𝖘𝖎𝖙𝖟𝖊𝖗" schreibt 1889 Professor Wilhelm Zipperlen über das Galloway: „Die Gallowayrace in Südschottland ist klein aber gedrungen, weniger milchergiebig aber mastfähig. Der Kopf ist schwer, ohne Hörner, der Hals ist stark, die Brust tief und gut gewölbt, Rücken, Lenden und Kreuz breit und eben, die Hüften hervorstehend, die Füße bis zum Knie muskulös, das Schienbein aber fein und kurz. Farbe schwarz aber braunscheckig."

Diese Aussage mutet uns heute schon von der Wortwahl und Zusammensetzung seltsam an, ist aber im Grunde passend. Es gibt eine beträchtliche Anzahl ähnlicher Veröffentlichungen über das Galloway zum Ausgang des 19. Jahrhunderts in Deutschland. Alle sind irgendwie vergleichbar, entweder voneinander abgeschrieben, oder aber in den meisten Fällen mehr oder weniger exakt übersetzte Beschreibungen des berühmten Briten Youatt.

Heute liest sich das in deutschen Publikationen schon etwas anders. Es wird nicht so sehr auf Details eingegangen. Es wird jedoch immer wieder die Ähnlichkeit zum Aberdeen-Angus-Rind hervorgehoben, aber darauf hingewiesen, daß das Galloway nicht so tief gestellt ist aber dafür mehr Länge aufweist. Natürlich fehlt nie der Hinweis auf das berühmte Galloway-Fell. Die angegebenen Gewichte sind zumeist nicht mehr aktuell, sie liegen heute deutlich höher.

Die Primitivrasse

Das Galloway ist eine der ältesten britischen Rinderrassen und wird von nicht wenigen Wissenschaftlern sogar als die älteste bezeichnet. Auf jeden Fall ist das Galloway auch weltweit als eine der ältesten und weitgehend unverfälschten Rinderrassen anerkannt. Sie wird zu den wenigen noch existierenden sogenannten „Primitivrassen" oder Landschlägen gezählt, weil bei ihr die natürliche Selektion bei Entstehung und Erhaltung im Vordergrund stand und nicht etwa die gezielte züchterische Einflußnahme durch Einkreuzung zur Erzielung bestimmter gewünschter Leistungskriterien wie bei den sogenannten „Kulturrassen" moderner Prägung.

Dieses gilt allerdings hauptsächlich für die schwarzen, braunen oder dunfarbenen und mit hoher Wahrscheinlichkeit auch die roten Galloways. Nach heutigem Erkenntnisstand waren diese drei Farben schon immer nebeneinander vorhanden, wenn auch das Schwarz stets dominierte. Schwarz und Dun sind überdies beide gleich dominant, weshalb bei Anpaarung von Tieren beider Farben stets eine dunkelbraune fast anthrazitfarbene Mischfarbe entsteht, die zudem nicht konstant vererbt wird. Neue Erkenntnisse durch die Suche nach dem Rotfaktor in Kanada, Schottland und Deutschland haben ergeben, daß die roten Gene noch in einem recht hohen Anteil in der schwarzen Population vorhanden sind, aber auch bei den Belted und White Galloways.

Für einige der weiteren Farbschläge, es sind dieses die mehrfarbigen Galloways wie Belties, White oder Rigget, kann die Bezeichnung Primitivrasse nicht bedenkenlos zur Anwendung kommen, denn sie sind durch gezielte menschliche Einflußnahme auf wohl zumindest äußerliche Merkmale entstanden. Im Falle der Belties darf wohl vermutet werden, daß auch die Milchleistung eine Rolle gespielt hat. Unter diesen Gesichtspunkten sollte man die oftmals zur Anwendung gebrachten Zitate wie züchterisch nicht verändert oder unverfälscht zukünftig etwas vorsichtiger und selektiv benutzen. Auch wenn die züchterischen Maßnahmen größtenteils schon vor mehreren hundert Jahren geschehen sind und die Tiere heute weitgehend den typischen Charakter der Galloways nach unserem Empfinden aufweisen, sie sind nicht zu leugnen.

Einnutzung oder Zweinutzung?

Das Galloway wird allgemein als klassisches Einnutzungsrind auf die Nutzung Fleisch bezeichnet, denn Milch und Arbeit nach den Vorstellungen der Agrarwissenschaften waren zu keiner Zeit gefragt. Trotzdem ist es kein „Mastrind" im eigentlichen Sinne, eher das Gegenteil ist der Fall. Die vielen Aussagen über die großartige Mastfähigkeit dieser Rinder hatten zu ihrer Zeit eine gegenüber heute völlig verschiedene Bedeutung. Galloways nehmen selbst bei einer kargen Futtergrundlage, wenn andere Rinderrassen schon abnehmen oder ihr Gewicht gerade halten können noch zu. Sie haben nachgewiesenermaßen gegenüber anderen Rassen einen sehr geringen Erhaltungsbedarf.

Zuverlässige Untersuchungen am Fleisch haben schon vor vielen Jahren und in jüngster Zeit auch in Deutschland wieder ergeben, daß bei keiner anderen Rinderrasse die Fleischqualität auch hinsichtlich humanmedizinischer Aspekte derart günstig ausfällt. Beispielsweise die heute sehr gefragten Omega-3-Fettsäuren sind sehr hoch und dabei in einem besonders günstigen Verhältnis zueinander. Dieses ist zum einen in der uralten zumeist unverfälschten Genetik begründet, zum anderen jedoch auch im hohen Maße in der Haltung und Ernährung nach Galloway-Art und hat sich bei Anwendung herkömmlicher moderner Mastmethoden in das Gegenteil verkehrt. Galloways, das hat die Erfahrung gelehrt, eignen sich nicht für die Mast, da sie sehr schnell verfetten und dabei besonders stark auch intramuskuläres Fett einlagern. Das Fleisch wird nach unseren Vorstellungen ungenießbar.

Einer der Hauptgründe für das Überleben des Galloway als solchem und in seiner über Jahrhunderte nahezu unverfälschten Genetik ist die Tatsache, daß es immer ein Zweinutzungsrind war. Daß es das nicht im Sinne der arrivierten Landwirtschaft war und ist, liegt nach meinen Erfahrungen aus der Spurensuche in der Historie nur daran, daß zur Zeit der Gründung dieser Nutzungsbegriffe der Landschaftsschutz und die Landschaftspflege kein Thema waren, sondern nur noch Milch und Arbeit als Zugtier vor Pflug und Wagen. In seiner ursprünglichen Heimat Schottland war das Galloway nach den schriftlichen Überlieferungen stets in erster Linie Landschaftspfleger und erst danach Fleischlieferant.

Die frühe Erkenntnis, daß nur das Original diese Aufgabe auf so hervorragende Weise löste, hat dazu geführt, daß das Galloway nicht züchterisch anderen Strömungen angepasst wurde. Die kleinen Galloway-Herden sicherten den großen Schafherden den benötigten Weidegrund. Auch wenn es heute inzwischen Anpassungen zu erkennen gibt, sie sollen den Betrieben das Überleben ermöglichen, sie sind in Großbritannien und auf dem europäischen Festland zumindest sehr moderat und mit dem Augenmerk auf die Erhaltung der Grünlandpflegefähigkeit erfolgt.

In Deutschland und besonders in Dänemark und den Niederlanden hat die Pflege von Kulturlandschaft mit Galloways einen sehr hohen und in seiner Bedeutung steigenden Stellenwert und rangiert teilweise auch hier vor der Fleischleistung. Es gibt in Deutschland größere Projekte, die zum Teil über zwanzig Jahre alt sind. Nicht alle sind profitabel, was vielleicht teilweise am Management liegen mag, aber wohl hauptsächlich als Folge der leidigen BSE-Krise zu sehen ist. Der Nutzen für Flora und Fauna jedoch ist oft genug untersucht und über jeden Zweifel erhaben. Haben wir also den Mut, das Galloway auch gegen die Lehrmeinung als Zweinutzungsrind zu bezeichnen, sogar als eines der ältesten und gleichzeitig eines der modernsten aus der Sicht der Ideen zur Umwelt.

Extensiv und Robust?

Nach der heutigen Klassifizierung für Rinder gehören Galloways zu den Robust- oder Extensiv-Rindern im mittleren Rahmen, das heißt von mittlerer Größe. Extensiv wegen der geringen Ansprüche an Futter und gegenüber den sogenannten intensiven unter den Fleischrindern geringeren Pflegeaufwand. Robust wegen der geringen Anfälligkeit für Krankheiten, wegen der fast sprichwörtlichen Vitalität der Kälber und die geringen Ansprüche an Wetterschutz bei ganzjähriger Freilandhaltung. Das versuchsweise Aufstallen von Galloways hat nur negative Ergebnisse gebracht. Der mittlere in deutscher Literatur teilweise sogar kleine Rahmen ist heute eher kritisch zu sehen und hat eine Bandbreite von selten klein bei beispielsweise schottischer Genetik von den extrem marginalen Hügelfarmen bis groß bei vornehmlich kanadischer Genetik. Entsprechend fallen die Gewichte aus. Bullen im schottischen Typ wiegen etwa 750 bis 850 Kp und Kühe im Normalfall etwa 500 bis 650 Kp. Bullen im kanadischen Typ bringen leicht 1000 Kp auf die Waage und Kühe bis zu 780 Kp.

Im Beef-Year-Book der britischen MLC, Meat-Lifestock-Commission wurden 1993 folgende Werte aus Feldprüfungen bei schottischen Galloways genannt, die in etwa auch den heutigen Gewichten und täglichen Zunahmen in Deutschland entsprechen.

Gewichte tgl. Zunahmen	Geburt	100 Tage	200 Tage	300 Tage	400 Tage	500 Tage
Bullen	30 Kp	108 Kp 0,78 Kp	196 Kp 0,83 Kp	294 Kp 0,88 Kp	390 Kp 0,90 Kp	479 Kp 0,90 Kp
Färsen	27 Kp	104 Kp 0,77 Kp	174 Kp 0,74 Kp	236 KP 0,70 Kp	306 Kp 0,70 Kp	321 Kp 0,59 Kp

In der Tierzucht, und das gilt auch für die Zucht von Extensiv-Rindern wie den Galloways, kann nichts als statisch gesehen werden. Es geschehen ständig, wenn auch in kleinen Schritten, Änderungen durch Anpassung an Umwelt und Markt. Tierzucht ist kein Selbstzweck. Bei uns in Deutschland mit unseren bis heute siebenundzwanzig Jahren Tradition wird das nicht so deutlich wie in anderen Ländern, aber in keinem anderen Land mit Galloway-Zucht wird das so emotional und kontrovers diskutiert. Um die Gegensätze deutlich zu machen, müssen sie anhand der Verhältnisse und Hintergründe in Schottland und Kanada als die beiden Pole aufgezeigt werden.

Künstler sehen Galloways

*Bleistiftzeichnung Doris Katharina Benkwitz, 20 x 30 cm,
Original im Besitz von Julia Plog*

*Kolorierte Bleistiftzeichnung Doris Katharina Benkwitz, 20 x 30 cm,
Original im Besitz von Karl-Heinz Gerling*

Kohlezeichnung Ursula Grubbe, 29 x 31 cm, Original im Besitz des Verfassers

Federzeichnung Verena Grubbe,
15 x 15 cm,
Original im Besitz des Verfassers

Galloways in Schottland

Schottland, das klingt wie Musik. Herbe aber wunderschöne abwechslungsreiche Landschaften auf engem Raum prägen das Bild und natürlich die Schotten, ihre Galloways und Schafe. Wenn dazu noch während einer Herdsmenparty nach ein paar hervorragenden Malt-Whisky der berühmte George Wilson von Reddings mit seiner kehligen Stimme im original schottisch-gälischen Dialekt das „Bonny Gallowah" anstimmt, kommt zwangsläufig bei uns das: „Hier könnte ich auch leben!"

Wir vergessen dabei nur zu gerne, daß wir als Kurzurlauber auf den Spuren unserer Galloways in bester Stimmung sind und alles durch die rosarote Brille sehen. In Schottland leben und arbeiten ist vielleicht schön, aber auf jeden Fall hart und entbehrungsreich und das gleichermaßen für die Galloways und ihre Züchter. Da kann es nicht ausbleiben, daß in Deutschland einige Dinge nicht so gesehen werden, wie sie wirklich sind.

Auch wenn es mit sogar wachsender Populationsdichte in ganz Großbritannien Galloways gibt, die Hauptverbreitung ist immer noch in Schottland zu sehen. Interessanterweise ist das Wie und Warum in der schottischen Zucht in Deutschland immer noch weitgehend unbekannt und deshalb oftmals fehlinterpretiert. Da wird beispielsweise teilweise verbreitet, daß schwarze und belted Galloways verschiedene Rassen darstellen, da sie ja auch von verschiedenen Verbänden mit eigenen Herdbüchern gezüchtet und geführt werden. Bis zur Gründung des ersten Herdbuches waren sie alle einfach nur Galloways, dann wurden von den Züchtern der schwarzen und braunen Galloways alle anderen Farben vom Herdbuch ausgeschlossen. Einzig die Historie, der Mensch, der Züchter und nicht die Rasse Galloway haben zur Trennung und letztlich zur Gründung eines weiteren Verbandes in allerletztem Moment geführt. Bis heute gibt es auf der Seite der Belties Züchterfamilien, die den Hinauswurf nicht verziehen haben, die eine Zusammenarbeit ablehnen. Nur über eines war man sich immer einig, nämlich Galloway-Züchter zu sein. Erfreulicherweise gibt es heute erste Anzeichen des Aufeinanderzugehens, wenn auch noch in erster Linie durch Unterwanderung und in zweiter Linie durch die Gründung des Galloway-World Council, des Weltverbandes in Deutschland im Jahre 1998. Für die großen Dachverbände in den USA, Kanada, Deutschland, in der Schweiz und in Neuseeland ist Galloway keine Frage des Farbschlages.

Das schwarze Herdbuch der Galloway-Cattle-Society ist immer noch den schwarzen und dunfarbenen Galloways vorbehalten und erst seit 1998 auch den roten Tieren.

Das Herdbuch der Belted-Galloway-Cattle-Society hat sich seit Gründung im Jahre 1921 stets als das Sammelbecken für die ausgestoßenen Galloway-Farben verstanden und hat später zu Beginn der neuen Farbeneuphorie, wie man es sicherlich nennen darf, jeweils die wiederentdeckten Farbschläge in gesonderte Abteilungen ihres Herdbuches aufgenommen. Man war seinerzeit sogar so großzügig, die für ein gutes Jahrzehnt ausgestoßenen Dun-Galloways aufzunehmen, die ja immerhin zu den Gründungsmitgliedern der Feinde gehörten. Heute sind besonders die bei zahlreichen Züchtern der schwarzen Galloways beliebten White Galloways dafür verantwortlich zu machen, daß man in beiden Verbänden Mitglied ist und schon aus finanziellen Gründen vermehrt einer eventuellen Fusion nicht abgeneigt ist. Unter den besonderen britischen Bedingungen sprechen schon organisatorische und wirtschaftliche Gründe unbedingt dafür.

Aufgrund der immensen Importzahlen von etwa 1985 bis zum bitteren Ende 1990 tauchten natürlich immer wieder die gleichen berühmten Herdennamen in Deutschland auf und wurden wegen der zumeist sehr guten Qualitäten beinahe glorifiziert. Man sprach mit Ehrfurcht über diese Namen und es bildeten sich Vorstellungen aus, die den Eindruck von sehr großen Herden erwecken mussten. Nur ganz wenige Her-

Färsen auf eine Wiese am Loch Lomond in Schottland

den sind jedoch selbst heute unter den veränderten Bedingungen wirklich groß. Die meisten Farmen züchten im Mittel mit vierzig oder weniger Mutterkühen und nur ganz selten haben Betriebe mehr als hundert Mutterkühe, selbst wenn einige tausend Schafe gehalten werden.

In Großbritannien hat es schon immer unabhängig von den unterschiedlichen Farben zwei Typen Galloways gegeben, nämlich die etwas größeren und schwereren von den Tieflandfarmen mit besseren Boden- und Futterverhältnissen im Südwesten und die kleineren und leichteren Galloways von den sogenannten Hügelfarmen oder denen mit Hochmoorflächen, oftmals sogar in unmittelbarer Nachbarschaft. Erst wenn man diese Farmen einmal gesehen hat, wird einem deutlich, warum es teilweise so krasse Gegensätze im Tiermaterial gibt, ohne daß man das in Schottland nach Qualitäten abwertet oder überhaupt bewertet.

Eine Herde verschiedener Belted-Galloway auf Old Place of Mochrum. In größerer Zahl beginnen sie wirklich zu wirken

Zur Begründung muß auch hier wieder die Historie herangezogen werden. Seit es auch in Schottland durch moderne Ernteverfahren mittels der jüngeren Maschinengenerationen möglich geworden ist, Futterwerbung selbst zu betreiben und man damit eine gewisse Unabhängigkeit erlangt hat, hat es generell einen leichten Anstieg der Gewichte gegeben aber nur eine geringe Annäherung der beiden Schläge.

„Castlefairn", eine der größeren Herden Schottlands in ihrem Biotop

Die Farmen in den Tälern und Niederungen nahe der Küste hatten schon immer die bessere Futtergrundlage und damit folgerichtig die größeren und schwereren Tiere. Sie verdienten mehr Geld und konnten es sich leisten, die entsprechende Qualität und erforderliche Menge Heu für die Winterfütterung in England oder Ostschottland zu kaufen. Die Hügelfarmen hatten nicht nur die schlechtere Futtergrundlage zu meistern, sondern darüber hinaus die „Geländegängigkeit" und größere Robustheit ihrer Tiere im Vordergrund zu sehen. Es leuchtet sicher ein, daß leichtere und kleinere Galloways dem eher gerecht werden, daß es einen Unterschied macht, täglich 450 Kp oder 700 Kp Eigengewicht bergauf und bergab zu tragen. Das hat sich bis heute nicht geändert und dem trägt man Rechnung. Übrigens, Stroh wird auch heute noch aus England importiert und ist schon wegen der hohen Transportkosten wertvoll und knapp.

In der Realität sah das bis vor gut zwanzig Jahren so aus. Die Farmer hielten nur die für die Nachwuchsgeneration des nächsten Jahres erforderliche und zulässige Zahl Muttertiere von Galloways und Schafen über Winter und allenfalls noch die Bullen, Schafböcke und die besten Rinder für die Remonte. Alles andere Vieh wurde im Spätherbst verkauft, da man nur das Geld für ein Minimum an Zukauffutter zur Verfügung hatte und selbst so gut wie keine eigene Futterwerbung kannte. Das schottische Klima ließ es nicht zu. Das Geld verdienten damals die Mäster in den anderen

Regionen, die die Absetzer abholten und ausmästeten. Zu jener Zeit waren selbst die berühmten Herden wesentlich kleiner als heute.

Besonders die BSE-Katastrophe und die immer noch währenden Langzeitfolgen haben einen wesentlichen Einfluß auf die Galloway-Zucht und Haltung gehabt, mehr als die Zeit der beiden Weltkriege. Mit einem Satz gesagt geht es heute darum, innerhalb von unbedingt weniger als dreißig Monaten in weitestgehender weil kostengünstiger Extensivhaltung so viel Endgewicht wie möglich auf die Waage zu bringen. Dieses hat natürlich einerseits den Einsatz kanadischer Genetik mit seiner gerühmten Frohwüchsigkeit vorangetrieben, andererseits aber auch die Kreuzungen mit den unterschiedlichsten Vaterrassen wie hauptsächlich Saler, Limousin und Simmental. Hier geht es nicht um Qualitätsverbesserung, wie man uns in Deutschland hier und da weismachen möchte, sondern einzig um die Quantität bei natürlich der bestmöglichen Qualität. Für die Farmen geht es um das Überleben unter härtesten Bedingungen.

Dieses hat zu gründlichen Veränderungen geführt und die meisten schottischen Farmer würden nach eigenen Ausagen lieber heute als morgen zu den alten Traditionen

Belted-Galloway Herde auf Old Place of Mochrum, der ganze Stolz von Miss Flora Stuart

zurückkehren. Die Situation ist nämlich folgende. Zum Überleben des Betriebes muß innerhalb der genannten Zeit mehr Fleisch produziert werden. Um die Gegebenheiten des Marktes so gut wie möglich zu nutzen, werden gegenüber früher die meisten Absetzer selbst ausgemästet. Es wird wo es das Gelände zuläßt tüchtig gedüngt und intensive Futterwerbung betrieben. Es wird vor allem mit gleichem Personalaufwand viel mehr Vieh gehalten und überwintert als früher und wegen der folgerichtig zu befürchtenden Schäden am Grasland der größte Teil des Viehs auch in großen Freilaufställen aufgestallt. Diese Stallungen werden von der Regierung zwar tüchtig subventioniert, treiben aber letztlich die Farmen an den Rand des Ruins.

Trotzdem gibt es noch einige wenige Farmen besonders in den Hügeln, die noch nach Art der Väter arbeiten, weil ihr Land diese Umstrukturierungen gar nicht zuläßt. Unter diesen sind diejenigen zu finden, die „organic beef" produzieren, welches auch in Großbritannien sich steigender Beliebtheit erfreut. Organic beef heißt nichts anderes als Fleisch auf ökologischer Basis wachsen zu lassen, was in Deutschland die Mehrheit tut, in Schottland nur noch eine Minderheit.

Im Ursprungsland der Galloways begann der Einzug kanadischer Genetik mit dem berühmten Bullen „Globe Magnum" und heute, bald zwanzig Jahre später gibt es Herden mit hohem Anteil kanadischen Blutes wie auch solche mit rein schottischen Linien. In Schottland macht es jeder nach Belieben oder Geschmack, meistens nach wirtschaftlichen Gesichtspunkten, ohne daß es dort zu großen Diskussionen oder gar Konfrontationen kommt wie in Deutschland. Der oben genannte Bulle hat in Schottland überall seine Spuren hinterlassen und findet sich auch in Deutschland in unglaublich vielen Herdbuchpapieren wieder. Natürlich beweist das die Beliebtheit und Qualitäten dieses Bullen, aber es macht auch deutlich, wie eng die Blutlinien gezogen wurden.

Wenn man die letzten fünfzig Jahre schottischer Galloway-Geschichte Revue passieren läßt, fällt auf, daß die Eintragungen in das Herdbuch von vorher jährlich stets knapp bis deutlich unter 1000 Tieren ab 1950 bis 1960 einen stetigen Anstieg auf etwa 4500 erlebten. Bis 1970 fielen sie langsam auf 3500 zurück um sich bis 1990 auf rund 1500 Tiere pro Jahr einzupendeln. Laut NCBA beispielsweise wurden 1986 117 Bullen und 1081 weibliche Galloways in das Herdbuch aufgenommen. Nach 1990 gingen verständlicher Weise die Eintragungen wieder in Richtung 1000 Tiere pro Jahr zurück um in den letzten beiden Jahren des zwanzigsten Jahrhunderts einen neuen leichten Anstieg der Zahlen zu verzeichnen.

Seit 1998 zeichnet sich für die Galloways in Großbritannien ein deutlich positiver Trend ab, vorsichtig lassen sich zwei neue Märkte erkennen. Zum einen haben es die schottischen Verbände verstanden unter dem Motto: „Zurück zu den Wurzeln" Landwirte davon zu überzeugen, daß man mit Galloways und deren Kreuzungen unter den derzeitigen Bedingungen weniger Umsatz aber unter dem Strich mehr Gewinn machen kann. Sie konnten deutlich machen, daß unter extensiven Haltungsbedingungen die Galloways den modernen Hochleistungsrassen eindeutig überlegen sind und mit ihnen das Kilopond Fleisch mit dem vergleichsweise geringsten finanziellen Aufwand zu erzeugen ist.

Daneben etabliert sich jedoch auch eine Klientel wie in der Schweiz und bei uns in Deutschland, nämlich Seiteneinsteiger aus anderen Berufsgruppen als Freizeitfarmer mit der Liebe zum Galloway und Landluft in Verbindung mit dem Wunsch, das Fleisch für die Familie selbst zu erzeugen. Man will das Fleisch auf dem Teller wieder ohne Ängste genießen können und selbst herangezogen hat man die größte Sicherheit und damit Genuß.

Das ist Galloway in Schottland - schöne Tiere in Landschaft pur!

Das Blue-Gray-Rind

In einer Schrift über das Galloway darf der Hinweis auf das Blue-Gray auf gar keinen Fall fehlen, denn beide sind untrennbar miteinander verbunden. Das Blue-Gray half im achtzehnten und neunzehnten Jahrhundert den Galloways zu überleben, und andererseits gäbe es ohne Galloways die Blue-Grays überhaupt nicht. Dieses Kreuzungstier mit der Blauschimmelfarbe entstand wahrscheinlich gegen Ende des 18. Jahrhunderts aus der Anpaarung White Shorthorn Bulle x schwarze Galloway-Kuh. Den ersten Hinweis unter diesem Namen gibt es von 1830, daß es diese Tiere schon lange gäbe. Da beide Elterntiere gleich stark dominant sind, entstand die typische namensgebende grau-blaue Schimmelfarbe als äußerliches Merkmal. Dieses und die besonderen Qualitäten dieser Tiere führten zu der Namensgebung für eine Kreuzung, die es auf der anderen Seite jedoch nicht geschafft hat, als eigenständige Rasse anerkannt zu werden.

Die Blue-Gray-Kuh gilt unter Fachleuten weltweit als die Mutterkuh schlechthin. Sie ist robust und anspruchslos wie ihre Mutter und in der Lage, auch Kälber von Bullen der großrahmigen Rassen auszutragen und mit guter Milchleistung aufzuziehen. Sie kann relativ alt werden und ohne weiteres mehr als zwölf Kälber bringen, was eine sehr niedrige und kostensparende Remontierungsrate zur Folge hat. Die nicht für die Zucht geeigneten oder benötigten weiblichen Kälber werden nach dem Absetzen als begehrtes Baby-Beef vermarktet. Die Bullkälber werden zu Ochsen gemacht und lassen sich hervorragend mästen, bringen aber auch bei extensiver Haltung ordentliche Fleischleistungen.

Daß die Blue-Gray vor diesem Hintergrund nicht Anerkennung als Rasse fanden, liegt an dem einzigen Mangel, nämlich daß sie aufgrund der gleichen Dominanz der Elterntiere weder farb- noch typstabil sind und bei Anpaarung Blue-Gray x Blue-Gray ausmendeln. Das heißt, die Kälber sind wieder Galloway oder Shorthorn und das überwiegend von schlechterer Qualität als die Großelterntiere. Wirklich nur in der F1-Generation sind die überragenden Qualitäten der Blue-Gray verankert.

Bis Mitte des 20. Jahrhunderts war die Blue-Gray in Schottland die dominierende Mutterkuh, aber mit dem großen Fortschritt der Leistungssteigerung in der Milchproduktion durch die Holstein- und British Frisian änderte sich das Bild auf den britischen Weiden und besonders natürlich auch in Schottland. Die Kälber aus diesen Hochleistungskühen galten nur über die Anpaarung mit Hereford-Bullen als einiger-

Galloway-Kuh mit Blue-Gray-Kalb, knapp fünf Monate alt

Eine typische Blue-Gray Färse

maßen mastfähig und robust genug für die Weidemast. Die Kälber waren zumeist schwärzer als die Mutter, hatten aber ausnahmslos alle die typische Hereford Gesichtszeichnung in Weiß. Sie hatten das bei den Briten so beliebte „Colourmarking" und waren schon von weitem zu erkennen. Da sie stets billig zu haben waren und darüber hinaus auch noch einigermaßen gute Mutterqualitäten in der Dreirassenkreuzung bewiesen, liefen sie den Blue-Gray bald den Rang ab. Erst die BSE-Krise stoppte den Siegeszug der „Weißköpfe", sie waren plötzlich für jedermann erkennbar mit dem Makel der Milchviehabkunft behaftet und verschwanden sehr bald fast völlig von den Weiden.

Heute ist die Blue-Gray wieder auf dem Vormarsch und erobert sich überall in Schottland die Weiden zurück. Man erinnerte sich unter dem derzeitigen wirtschaftlichen Druck sehr schnell an diese überaus nützliche Mutterkuh und begann umgehend wieder, sie zu züchten. Renommierte schottische Züchter setzen zur Zeit lieber White Shorthorn auf ihren schwarzen Galloway-Herdbuch-Kühen und Färsen ein, da sie mit diesem Nachwuchs mehr Gewinn erzielen können. Im Jahre 1999 konnte die Nachfrage nach White-Shorthorn-Bullen und in der Folge natürlich nach Blue-Grays nicht befriedigt werden und dieses wird sich so schnell auch nicht ändern. Die White Shorthorn sind inzwischen sehr selten geworden.

Das Blue-Gray war zu keiner Zeit eine züchterische Spielerei kreuzungswütiger Briten, sondern immer eine aus wirtschaftlichen Zwängen entstandene Notlösung. Als das Blue-Gray entstand, ging es einzig darum, in der kurzen Periode guten Futteraufwuchses möglichst viel Fleisch heranwachsen zu lassen und darüber hinaus eine Kuh zu haben, die anspruchslos und robust die harten Bedingungen der schottischen Winter überstehen würde und im Frühjahr ohne Schwierigkeiten das nächste frohwüchsige Kalb zur Welt bringt und problemlos aufzieht.

Galloways in Nordamerika

Noch einmal Historie

Die ersten Hinweise auf Galloways in Nordamerika sind aus dem Jahre 1844 überliefert. Es darf jedoch davon ausgegangen werden, daß sie schon wesentlich früher wie andere Rassen auch zusammen mit den sogenannten Kolonisten über den großen Teich gekommen sind. Nordamerika war damals noch nicht Staatsgebiet zweier großer Nationen, sondern weit offenes Land mit zumeist unerschlossenem und unbesiedeltem Hinterland. Es war ständiger Zankapfel zwischen den europäischen Kolonialstaaten Britannien, Frankreich und Spanien vornehmlich, mit gebietsweise häufig wechselnden Herrschaftsansprüchen.

An der Ostküste Nordamerikas wurden im 17. Jahrhundert von den Briten die ersten Freibriefkolonien gegründet und zeitgleich von den Franzosen Ähnliches zu installieren versucht. Um das gewonnene Land nicht nur zu besitzen und mit Soldaten kostspielig vor den Begehrlichkeiten der Feinde zu schützen, schickte man Kolonisten zur Besiedelung und wirklichen Inbesitznahme über den Atlantik. Gerade aus Britannien und Irland wurden sehr viele Bauern und nicht erbberechtigte Bauernsöhne von den Familien mit dem Nötigsten ausgestattet nach Übersee geschickt. Sie nahmen verbürgt sehr viel Vieh mit, warum nicht auch Galloways? Es befanden sich damals unter diesen Siedlern auch sehr viele Schotten, die auf diesem Wege dem damaligen Armenhaus Schottland zu entkommen hofften.

Man muß sich diese Vorgänge einmal so vergegenwärtigen. Auf kleinen alten hölzernen Segelschiffen wurden Menschen, Vieh und Gerätschaften unter Deck zusammengepfercht und wenn man Glück hatte und gutes Wetter mit den richtigen Winden, kamen alle nach etwa zehn bis vierzehn Tagen mehr oder weniger gesund in Amerika an. Es konnte allerdings auch schon mal drei bis vier Wochen dauern, dann waren nur zu oft Mensch und Tier schwer krank oder sogar verhungert. Daß hunderte von diesen Schiffen und tausende von Menschen und Tieren niemals ankamen, ist ebenso verbürgt. Es besteht heute die Möglichkeit, in Schifffahrtsmuseen alte Logbücher und Seeamtsunterlagen aus dem achtzehnten Jahrhundert einzusehen und auszuwerten, und damit zu versuchen das Gelesene umzusetzen und es bedarf noch nicht einmal großer Phantasie. Hatte man endlich wieder festen Boden unter den Füßen, darf man annehmen, daß es zu mindest den Galloways gut ging. Was den Siedlern auf dem neuen Kontinent alles widerfuhr, kennen wir aus der Geschichte, der Literatur und aus berühmten Filmwerken.

Die Galloway-Cattle-Society besitzt noch Unterlagen über einen ersten offiziellen Export von Galloways nach Nordamerika, nämlich nach dem damaligen noch französischen Ontario. In dem Papier werden ein Bulle und neun Färsen aufgeführt, die 1853 von einem Herrn Graham aus Vaughan erworben worden sind. Sonst gibt es keine Hinweise auf Exporte in diese Richtung, und dafür gibt es eine ganz einfache Erklärung. Das von den Siedlern mitgeführte Vieh hat damals britisches Hoheitsgebiet nicht verlassen und wurde somit auch nicht exportiert. Sehr viele Galloways müssen gerade auch in den großen Auswanderungswellen des 19. Jahrhunderts von den Übersiedlern mitgenommen worden sein. Kanada wurde zunächst von 1867 bis 1880 Schritt für Schritt als Dominium of Canada von den Briten errichtet und erhielt erst 1926 seine Unabhängigkeit. Die Vereinigten Staaten von Amerika waren damals gerade halb so groß wie heute.

Kanada

Schon im Jahre 1863 trafen sich in Toronto „kanadische" Galloway-Züchter zur Organisation eines Herdbuches und 1872 wurden tatsächlich die ersten Tiere eingetragen. Im Jahre 1874 traten amerikanische Galloway-Züchter der Ontario-Herdbuchgesellschaft bei und ließen ebenfalls Tiere registrieren. Das ist ganz sicher ein deutlicher Hinweis auf eine schon große Zahl Galloways auf dem Kontinent. Es läßt sich heute nicht mehr nachvollziehen, wie weit diese ersten Tiere noch reinrassig waren und noch dem schottischen Standard entsprachen. 1882 schlossen sich dann amerikanische und kanadische Galloway-Züchter zum Nordamerikanischen-Galloway-Verband zusammen und brachten schon ein Jahr später das erste Herdbuch mit 1302 Eintragungen heraus. Es ist bis heute erhalten.

Diese große Zahl von Galloways in Verbindung mit den nicht registrierten läßt die Vermutung zu, daß die Population nur aus einer sehr großen Zahl von durch Kolonisten mitgebrachten Galloways und erfolgreichen Nachzuchten erwachsen sein kann. Selbst von kanadischen Züchtern wird die Qualität der damaligen Herdbuchaufnahme und der Tiere heute sehr kontrovers diskutiert. Zu Recht, möchte man meinen, wenn man die teilweise gravierenden äußerlichen Unterschiede zwischen den Galloways schottischen oder kanadischen Ursprungs in Betracht zieht und den derzeit stattfindenden Wandel in der kanadischen Galloway-Zucht zurück zu mehr Galloway-Charakter.

Nach den Gründungsjahren erfuhren die nordamerikanischen Herdbücher, so muß man sie bezeichnen, eine sehr wechselvolle und unruhige Geschichte. Die Besitzrechte wechselten häufig zwischen mehreren Verbänden oder Institutionen. 1902 gründeten amerikanische Galloway-Züchter ihren eigenen Verband und übernahmen einfach das bestehende Herdbuch des nordamerikanischen Verbandes als Ausgabe Eins ihres Herdbuches. 1905 übernahmen kanadische Galloway-Züchter den nordamerikanischen Verband und verankerten in ihrer Satzung ein geschlossenes Herdbuch mit Eintragungen und Übertragungen gemäß den nationalen Bestimmungen für Vieh.

Ein kanadischer Galloway Bulle, riesengroß und als Galloway untypisch

Im Jahre 1939 wird die Ausgabe Eins des kanadischen Herdbuches herausgegeben und enthält die Pedigrees 1303 bis 3032. Das bedeutet, daß es über fünfzig Jahre keine Registrierungen gegeben hat. Das bedeutet weiterhin, daß alle diese Tiere nur durch Inspektion als Galloways Anerkennung und Eintragung erfahren haben. Erst für 1952 wird ein erster Import aus Schottland und den USA von jeweils einem Belted Galloway und 1956 von Dun-Galloways vermerkt. Im Jahr 1962 erscheint die Ausgabe Zwei des kanadischen Galloway-Herdbuches mit den Eintragungen von Nummer 3033 bis 6045 und den Belted-Galloway-Pedigrees lB bis 31B. Schon 1968 erscheint die dritte Ausgabe des kanadischen Herdbuches mit den Galloway-Eintragungen 6046 bis 9272 und den Belted-Galloway-Registrierungen 32B bis 89B. Im gleichen Jahr wird eine einschneidende Änderung der Satzung vorgenommen, nämlich daß alle ausländischen Pedigrees fünf komplette Generationen reiner Abstammungen ausweisen müssen, um in das kanadische Herdbuch aufgenommen zu werden. Es gibt allerdings in Verbindung mit frühen Importen aus Kanada in Deutschland Belege dafür, daß mit den Tieren aus den Vereinigten Staaten gelegentlich anders verfahren worden ist. Zweifel sind also erlaubt.

*Die kanadische Galloway Kuh „Diamond-B-Hilda-1-Z",
eigentlich typvoll aber sehr groß und 780 kp schwer*

Es würde einfach zu weit führen, die wechselvolle Geschichte der nordamerikanischen Herdbücher hier bis ins Detail zu durchleuchten und wiederzugeben. Die genannten Zahlen und Fakten lassen uns ahnen, warum die kanadischen Galloways insgesamt so anders sind als die schottischen. Mit einer von Tierzucht-Experten anerkannten Generationenfolge von vier Jahren bleibt es bei dem zur Verfügung stehenden Tiermaterial unerklärlich, in so wenigen Jahren über Reinzucht und Selektion aus einem spätreifen Tier ein frühreifes zu machen, aus einem schwerknochigen mit etwa 54 % Ausschlachtung ein leichtknochiges mit gut 65 % Ausschlachtung und ein Galloway mit so auffällig verändertem Aussehen gegenüber dem schottischen Original, um nur einige wesentliche Aspekte anzusprechen. Für Selektion reichte das Tiermaterial nicht aus, es bleibt die Veränderung durch Ein- und Auskreuzung als Erklärung.

In Deutschland wird das Für und Wider die kanadischen Galloways lauter und verbissener diskutiert als in anderen Ländern. Wir sollten uns zu ihnen bekennen, da sie nach internationalen Gepflogenheiten und Rechtsverständnis wirklich Galloways sind. In jüngster Zeit sind Galloways aus Kanada nach Deutschland importiert worden, die sich deutlich positiv von den Tieren vergangener Jahre unterscheiden und es den deutschen Züchtern leichter machen dürften, sie zu akzeptieren. Niemand in Deutschland ist gezwungen sie zu lieben oder zu kaufen.

Eine kanadische Dun-Galloway Kuh mit ihrem Kalb

Die Bedingungen der Haltung und des Marktes als Indikatoren für die Zucht sind in Kanada gravierend anders als bei uns in Europa und man hat wie auch immer die Galloways in Jahrzehnten diesen Bedingungen züchterisch angepasst. Die Präriefarmen beispielsweise weitab größerer Ortschaften, unter ständiger Wasserknappheit und oftmals härtesten klimatischen Bedingungen leidend, können kein Galloway schottischen Charakters gebrauchen. Sie sind zumeist auch wegen fehlender Futtergrundlage nicht fähig, ihre Nachzuchten selbst auszumästen. Da sind zähe Kühe gefordert, die in etwa sechs Monaten einen robusten und mastfähigen Absetzer heranziehen können, der im sogenannten Feedlot ein großes Fleischbildungsvermögen beweisen muß. Oft genug müssen die Tiere über einen längeren Zeitraum im Tiefschnee überleben können, da ist beispielsweise Hochbeinigkeit eine große Hilfe.

Daß bei allen diesen Überlegungen und folgenden züchterischen Maßnahmen einige Qualitäten der schottischen Tiere verloren gehen, mag uns darüber hinwegtrösten, daß neue Qualitäten an den kanadischen Galloways entdeckt werden können, die letztlich das Einsatzspektrum dieser Rinderrasse nochmal erweitert. Letztlich bleibt es dem einzelnen Züchter überlassen, entsprechend seinen Möglichkeiten und Forderungen und natürlich entsprechend seiner Vorliebe sich für das eine oder andere Galloway oder eine Kombination beider zu entscheiden. Auch hier zeigt es sich wieder, das Galloway ist zwar eine der ältesten Rinderrassen, aber gleichzeitig eine der modernsten.

Vereinigte Staaten von Amerika

Im Jahre 1866 gab es einen ersten offiziellen Export von Galloways aus Ontario in die Vereinigten Staaten. Es wurden zweiundvierzig Galloways nach Lansing in Michigan an das dortige State College geliefert. Über Farbe oder Geschlechter gibt es keine uns verfügbaren Angaben, obwohl die Tiere im ersten Ontario-Herdbuch unter den Nummern 80 bis 122 registriert worden sind. Ab 1874 beginnen die amerikanischen Züchter das Ontario-Herdbuch mit zu benutzen. Es gibt in den folgenden Jahren wenig Nachrichten über den amerikanischen Verband, nur für 1966 gibt es eine interessante Notiz in kanadischen Aufzeichnungen über einen ersten Import von White Galloways aus den USA. Sie wurden damals von Jim Airth aus DeWinton in Alberta erworben, dessen Sohn Bob Airth heute noch einer der führenden Züchter auch von weißen Galloways in Kanada ist.

Im Besitz des Verfassers befindet sich ein Exemplar der „Galloway-Herd-Bull-Edition" aus dem Jahr 1967. Es ist ein Journal der American-Galloway-Breeders-Association und wird nach deren Angaben von sechstausend Lesern genutzt. Nach diesem Journal mußte es zu jener Zeit in den Vereinigten Staaten etwa 35000 Galloways geben, davon etwa ein Drittel Belted Galloway. Beim Sichten des Fotomaterials fällt auf, daß die US-Galloways damals noch sehr im schottischen Typ standen. Aus den über sechzig Annoncen im Journal kann man ableiten, daß es sich teilweise um wirklich große Herden handelte und daß in den sechziger Jahren sehr viele Bullen aus Schottland importiert worden sind. Andererseits hat die damals berühmte Glacier-Galloway-Ranch in Montana in fünfzehn Jahren 776 Bullen in zwanzig Staaten der USA in die Zucht verkauft, eine unvorstellbare Größenordnung.

1970 wird in den vereinigten Staaten in Eureka / Kansas die „Galloway-Performance International" gegründet. Dieser neue amerikanische Verband ist auf Computer umgestellt und arbeitet leistungsorientiert. Hier wird weltweit erstmals öffentlich dargestellt, daß Galloway, White Galloway und Belted Galloway als eine Rasse zu betrachten sind. White Galloways erhalten ohne Besichtigung und ungeachtet der Farbqualität den vollen reinrassigen Status. Schon 1973 schließen sich die beiden amerikanischen Verbände zur American-Galloway-Breeders-Association zusammen und bestätigen die Aussage die Rasse Galloway betreffend. Leider halten sich die Amerikaner selbst im Galloway-World-Council immer noch sehr bedeckt, so daß es keine exakten Zahlen zu den Tieren gibt. Lediglich der Verband der Belted Galloway gibt etwa 8500 eingetragene Kühe an und ein momentan sehr großes Interesse in den USA an Belted Galloways mit überdurchschnittlich hohen Preisen auf den Zuchtviehauktionen.

Diese Foto aus den vierziger Jahren zeigt ein paar junge Galloways nach einem dreitägigen Blizzard. Alle Tiere sollen überlebt haben

Gleichermaßen für die Vereinigten Staaten und Kanada ist bekannt, daß es steigendes Interesse der Bevölkerung an Umwelt- und Landschaftsschutz gibt und daß einzelne Initiativen sogar militant für ihre Idealvorstellungen auf die Straße gehen. Passiv gibt es steigende Zahlen von Verbrauchern, die nach der Qualität und Herkunft von Lebensmitteln fragen. Besonders nahe größerer Städte sogar im Mittelwesten ist es Galloway-Züchtern inzwischen gelungen, Galloways unter dem Hinweis auf natürlich gewachsenes Fleisch von sauberen Weiden in Direktvermarktung nach europäischem Vorbild an den Kunden zu bringen. Hier haben sich besonders kleinere Betriebe mit sehr viel Engagement eine neue und zukunftsträchtige Einahmequelle erschlossent und sie erfreuen sich wachsenden Zuspruchs und oftmals sehr positiven Presse-Echos.

Foto: Kathi Jurkowski, USA

Galloways im Tiefschnee!

Foto: Kristina M. Onofrio, USA

Foto: Loren A. Olson, USA, nach dem Schneesturm!

Foto: Kristina M. Onofrio, USA

Die Farbschläge der Galloways

Die Vielfalt der Farbschläge mit den unterschiedlichen Pigmentierungen in Schwarz, Braun oder Rot sind ein besonders interessantes und aufregendes Kapitel in der Galloway-Zucht. Wenn auch für die meisten Züchter und Halter die schwarze Variante der schönsten Kuh der Welt an erster Stelle steht, so gibt es doch inzwischen weltweit und natürlich auch in Deutschland eine stetig wachsende Zahl von Enthusiasten, die nach den alten als ausgestorben geltenden Farbschlägen und Pigmentierungen suchen und forschen und über Grenzen hinweg die Zusammenarbeit und das Vorankommen fördern.

Besonders faszinierend ist dabei, daß man nicht etwa aus jüngsten Erkenntnissen über die Entstehung der einzelnen Schläge mit neuerlichem Ein- und Auskreuzen eine schnelle Reproduktion sucht, sondern über die in sehr vielen Tieren versteckten Restgene der verschollenen Vorfahren bei den echten Galloways verbleibt. Nach der Anpaarung zweier solcher Restgenträger stehen dem Züchter dann neun Monate wachsende Ungewißheit und Spannung ins Haus, wie das Kalb wohl aussehen möge. Die Wahrscheinlichkeit, das läßt sich nach den Mendelschen Erbgesetzen leicht nachrechnen, ist trotz aller Arbeit gering. Jeder Volltreffer aber, man möge diesen Ausdruck verzeihen, löst grenzenlose Freude und Begeisterung aus.

Alleine schon die vermehrte Suche nach den Rotfaktoren in der jüngsten Vergangenheit bei den schwarzen und belted Galloways und der Umfang der Funde ist ein deutliches Indiz dafür, daß sehr viele Herden der Galloways in Schottland vor der Gründung des schwarzen Herdbuches sehr bunt gewesen sein müssen. Noch zu Beginn der Importe nach Deutschland wurden im Bereich des schwarzen schottischen Herdbuches andersfarbige Tiere als schwarz oder braun, oder im Herdbuchbereich der Belted-Galloway-Cattle Society als überzeichnet geltende weiße Galloways gemerzt. Dazu gehörten beispielsweise auch die Riggets. Als dann aus als tragende Rinder importierten Galloways rote oder fremdfarbige Kälber fielen, war man entsetzt und fühlte sich betrogen. Man wußte es nicht besser und hat in Unkenntnis des seltenen Glücksfalles ebenfalls bis auf Ausnahmen gemerzt, das heißt geschlachtet.

Im Jahr 1992 brachte ein niedersächsischer Galloway-Züchter zum Niedersächsischen Fleischrindertag nach Verden ein schönes und gut entwickeltes rotes Galloway Jungrind in den Schauring und erntete trotz Beweisführung der ordentlichen Abstammung über Bluttypenuntersuchung Unglauben und Unverständnis sowie teilweise Mitleid oder Spott. Trotzdem, die Sensation war perfekt. Dieses Ereignis kann man wohl als den Beginn der Suche in Deutschland bezeichnen. Nachdem im Deutschen Galloway-Journal einige Jahre später ein bebilderter Bericht über die Wiederentdeckung des Rigget Galloway erschienen war, mußten Züchter der White Galloway erkennen, solche Tiere schon vor Jahren der Schlachtung zugeführt zu haben. Man war ahnungslos.

Heute sind wir da glücklicher Weise besonders auch über die Arbeiten im Deutschen Galloway-Journal viel weiter, und beinahe täglich finden sich neue Verfechter der Erhaltung und Förderung der seltenen Farbschläge hinzu und helfen mit, die alten Traditionen der Galloway-Farben am Leben zu erhalten. Wir müssen ja nicht unbedingt zu den ganz bunten Herden zurückkommen. Die Herden der Rot-Rigget- und White Galloway-Züchter sind schon bunt genug und eine Bereicherung für die Landschaft gegen die Tristesse moderner Landwirtschaft.

In der deutschen Viehzucht gibt es ausreichend Beispiele für Fehlentwicklungen oder Rückbesinnung und damit auch für Rettungen in letzter Minute von erhaltenswerter Haustiergenetik oder einfach schönen und liebenswerten Haustieren. Es gab, um bei Rindern zu bleiben Rassen, die nicht mehr den Anforderungen der modernen Landwirtschaft gewachsen und damit überflüssig sein sollten. Plötzlich gab es jedoch immer wieder neue Erkenntnisse, die in angepasste Leistung umzusetzen unmöglich gewesen wäre, hätte es nicht stets ein paar sture Züchter gegeben, die gegen den Trend an diesen ihren Tieren oftmals unter Einbußen an Ertrag und Spott der Kollegen festgehalten haben. Einige von diesen alten Rassen sind heute wieder gefragt. Die wirtschaftliche Bedeutung der Galloways war bislang nicht groß genug, den wirtschaftlichen Aufwand für die genetische Spurensuche über Genomanalysen im großen Stil zu rechtfertigen. Seien wir uns aber dessen bewußt, daß es wichtig ist, die noch vorhandene Genetik für die Zukunft zu erhalten und so umfänglich wie möglich abzusichern. Neben der Befriedigung durch den Umgang mit unseren verschiedenfarbigen Galloways bewahren wir unseren Nachkommen vielleicht genetisches Potential von ungeahnter Bedeutung.

Über das schwarze Galloway muss als Farbschlag oder Pigmentierung nichts gesagt werden, es ist und bleibt der beliebte dominierende Urtyp des Galloway, wenn wir die Zeugnisse der letzten zweitausend Jahre betrachten. Zwei weitere Farbschläge können hier kurz abgehandelt werden und müssen wohl endgültig als ausgestorben gelten. Sie wurden im achtzehnten und zwanzigsten Jahrhundert jeweils letztmalig erwähnt und beschrieben. Es sind dies einmal das Brindled-Galloway, ein dreifarbig getigerter Farbschlag in den Pigmentierungen Weiß, Braun und Schwarz ähnlich den britischen Longhorn-Rindern. Der britische Zeichner George Garrard hat etwa 1800 eine colorierte Gravur eines Brindle angefertigt, die heute im Museum zu sehen ist. Sie zeigt eine „Fette Galloway Färse" als Rückenschecke mit den entsprechenden Farben. Der berühmte Youatt mutmaßte die Abkunft von im siebzehnten Jahrhundert kurzzeitig zur Einkreuzung benutzten Zebus. Wegen der fehlenden Leistungssteigerung auch bei anderen Rassen wurde sie sehr schnell wieder aufgegeben. Ein Beleg für diese These fehlt und bedenklich ist darüber hinaus, daß Zebukreuzungen selbst über Generationen den typischen Buckel wenigstens andeutungsweise tragen. Er wurde bei Nennung der Brindle-Galloway nie erwähnt.

Der zweite ausgestorbene Farbschlag ist das „Brocket-Face", ein schwarzes Galloway mit weißer Gesichtsmaske und gelegentlich weißen Füßen. In seinem Buch über die gegurteten Schecken hat Lord Stuart ein altes Foto einer Kuh mit Kalb veröffentlicht. Es wird heute vermutet, daß bei der Enstehung dieses Farbschlages das Hereford-Rind eine große Rolle gespielt hat. Wenn man die weltberühmte Qualität der britischen Viehzüchter heranzieht und ihr Wissen um Leistungssteigerung, macht diese Vermutung wenig Sinn. Von Gewicht und Größe nahmen sich Galloway und Hereford nicht viel, in puncto Grundfutterbedarf und Ansprüchen sowie Fleischqualität waren die Galloways eindeutig überlegen. Das einzige Argument wäre das außergewöhnliche Aussehen. Ein Mister Hamilton hat 1920 geschrieben, daß es in Dumfriesshire zu Beginn des zwanzigsten Jahrhunderts zuletzt noch drei Herden Brocketface-Galloways gegeben haben soll. Die allerletzte größere Herde gehörte der Familie des Züchters J. Faed Sproat, dessen Nachkommen noch heute Belted Galloway züchten.

Einige der Farbschläge dürfen heute als wesentlich älter eingestuft werden, als bisher angenommen. Bei der intensiven Suche nach den alten Farbschlägen und Pigmentierungen der Galloways, auch natürlich in der alten Literatur, stößt man immer wieder auf frühe Hinweise, oftmals unter anderen Namensgebungen, aber stets als Galloway beschrieben. Dieses mag gelegentlich auch an Fehlinterpretierungen der verschiedenen britischen Altsprachen bei Übersetzungen in das Englische zurückzuführen sein.

Die Zuordnung der Entstehung eines neuen Farbschlages auf den Einfluss der einen oder anderen heute noch existierenden Rinderrasse Britanniens scheint momentan

Mode zu sein, und nur zu oft bleibt der Autor den Beweis seiner Theorie schuldig. Vielleicht ist das gut so, obwohl es für die meisten Farbenthusiasten schon interessant wäre, neben dem Galloway die anderen Urväter ihrer Lieblingstiere zu kennen. Leider sind viele dieser Urahnenrassen lange ausgestorben, und gelegentlich stößt man auf nicht mehr identifizierbare Restgene.

Das einfarbige Galloway

Über die schwarzen Galloways muß hier nun wirklich nichts mehr gesagt werden. Sie waren schon vor fast zweitausend Jahren die auffällig dominierende Farbe oder besser gesagt Pigmentierung. Trotzdem hat es auch die roten und braunen oder besser dunfarbenen gegeben. Rote Gene sind in vielen schwarzen aber auch Belties noch zu finden und werden bei der Suche immer häufiger auch wieder entdeckt. Die dunfarbenen Galloways sind sehr schwer einzuordnen und weisen einige Besonderheiten auf, die die Suche nach der Entstehung weiter erschweren. Dun-Galloways gibt es in allen Schattierungen von hell-zimtfarben bis dunkelbraun. Dieses ist ganz sicher darauf zurückzuführen, daß man bis auf die Jahre 1911 bis 1920, wo die braunen Galloways aus dem Herdbuch der Galloway-Cattle-Society verbannt waren, bedenkenlos mit den schwarzen Tieren angepaart hat.

Eine wunderschöne Kuh im Alter von fünf Jahren

Der kanadische Galloway-Bulle „Diamond-B-Powerplay-12-R" im Alter von 12 Jahren und noch im Deckeinsatz

Zwölf Jahre alt und in bester Kondition

Bulle „Drumhumphry Sambo" sieben Jahre alt, ein echter Schotte

Kälber-Siesta auf der Winterweide

Landward of Todstone, 6 Jahre alt

Ein stark entwickeltes Bullkalb, mit 200 Tagen tägliche Zunahmen von 1095 Gramm

„Luchs", ein hochbeiniger, leichter und stets nervöser Bulle im Alter von sechs Jahren

Ein sehr typvolles Jungrind mit enormer Länge

Das dun-farbige Galloway

Das eigentliche natürliche Braun der Dun-Galloways ist eine Zimtfarbe, die in keiner anderen Rinderrasse in dieser Pigmentierung und besonders auch mit dieser Dominanz wiederzufinden ist. Wann und wie sie seinerzeit entstanden ist, wird immer ein Rätsel bleiben. Sie ist der schwarzen Pigmentierung gleich dominant, so daß bei Anpaarung von schwarzen und dunfarbenen Tieren in der Originalfarbe stets eine Mischpigmentierung in Dunkelbraun entsteht. Besonders interessant in diesem Zusammenhang ist, daß die Kälber fast schwarz, anthrazitfarben, geboren werden und später innerhalb der ersten drei bis vier Lebenswochen zum Braun aufhellen, zum sogenannten Dunkeldun-Galloway.

Die züchterische Problematik ist dabei, daß die dunkelbraunen Galloways versteckt die Pigmentierungen Dun und Schwarz in sich tragen und deshalb später ausmendeln. Die Anpaarung von Dunkeldun-Tieren kann also schwarze, dunkelbraune oder auch zimtfarbene Kälber zum Ergebnis haben. Sie sind nicht farbstabil. Viele Züchter der dunfarbenen Galloways weigern sich deshalb trotz der bestehenden Inzuchtgefahren, dunkelbraune oder schwarze Galloways in ihren Herden einzusetzen, um die Pigmentierung sichtbar rein zu erhalten. Dieses ist ganz sicher zu begrüßen, aber auf Dauer ein fast unmögliches Unterfangen.

In Schottland gibt es heute noch ganze vier reinerbig gezogene Herden Dun-Galloways, in der Schweiz einige wenige und in Deutschland ein paar mehr. Diese stammen wiederum alle von diesen schottischen Linien ab. Das ganz große Problem der Züchter des Dun-Galloways ist heute, Bullen aus einer Blutlinie zu finden, die in ihrer Herde noch nicht oder wenigstens ganz früh oder selten auftaucht. Nach einem Bericht des „Scottish Farmer" galt Mister Ian Jennings von „Nether Cleugh" als Pionier der Wiederbelebung dieser Galloways, er besäße in den dreißiger Jahren des zwanzigsten Jahrhunderts weltweit die einzige Herde. Lord Stuart, damals Präsident der Belted Galloway Cattle Society, schoß sofort dagegen und meldete zu dieser Zeit 15 Herden im Herdbuch seiner Gesellschaft. Sie wurden 1911 übernommen und weiter geführt.

Tatsache ist, daß der leider viel zu früh verstorbene Ian Jennings eine der besten und schönsten Herden Dun-Galloways besessen hat und daß seine Witwe aus Familien-Tradition und Treue über Jahrzehnte die Nether-Cleugh-Herde in seinem Sinne weiter geführt hat und das sogar mit großem Erfolg und unzähligen Champions auf allen großen Schauen Großbritanniens.

Ein interessantes Beispiel zu den dunfarbenen Tieren wurde den Züchtern auf der sechsten Bundes-Galloway-Schau im Mai 2000 geboten. Eine schwarze Galloway-Kuh aus dunfarbenen Eltern hatte von dem ebenfalls ausgestellten dunfarbenen Bullen Zwillingskälber bei Fuß, eines war schwarz und das andere in der originalen Farbe Dun-zimtfarben.

Eine schottische Dun-Galloway Färse aus der Marbrack-Herde, 1988 nach Deutschland importiert

Ein sehr gut entwickelter und harmonischer Bulle Dun-Galloway auf „Nether Cleugh"

Eine typische schottische Dun-Galloway Kuh auf „Nether Cleugh"

Eine schöne Dun-Galloway Kuh aus deutscher Zucht im schottischen Typ

Ein feines Kalb im sehr hellen „Silver-Dun"

Ein feiner Jungbulle Dun-Galloway aus deutscher Zucht

Ein Rind des dunklen Typs Dun-Galloway

Kalb vom Dunkel-Dun zwei Tage nach der Geburt, anthrazitfarben.

Nach drei Wochen kommt die Endfarbe Braun

Kanadischer Dun-Galloway Bulle in Dunkel-Dun

Dun-Galloways im kanadischen Typ, gesehen auf „Cashel" in Schottland

Das rote Galloway

Die roten Galloways machen in Europa erst seit der BSE-Krise Furore und das mit weltweiter Wirkung. Schwarz war zur Makelfarbe geworden und man erinnerte sich der roten Galloways, die ja gelegentlich immer wieder auftauchten. In Kanada und den USA hat man sie zwar nicht in das Herdbuch aufgenommen, aber man hat sie wenigstens geduldet. So kam es, daß auf Betreiben eines kanadischen Züchters 1965 schon der rote Bulle „Galair Red Hazell' unter der Nummer 8333 in das Herdbuch aufgenommen wurde. Sein Vater war aus Schottland importiert worden, und die Mutter hatte ebenfalls zu drei Viertel reine schottische Blutlinien Vorfahren. Von dem Zeitpunkt an nahm die Pigmentierung nicht übermäßig aber stetig zu. In Schottland war es hauptsächlich Miss Flora Stuart, die auf Mochrum alles an roten Tieren sammelte und für diese die Eröffnung einer eigenen Sektion des Herdbuches initiierte. Pikanter Weise hat sie einen nicht unerheblichen Teil ihrer Stammherde von einem Züchter der verfeindeten Society erworben. Mister Frank Hunter-Blair von „Marbrack" hatte häufiger roten Nachwuchs in seiner Herde und konnte diesen anstatt zu merzen einer züchterischen Zukunft zuführen. Mister Hunter-Blair hat auch kurz vor seinem frühen Tod dafür gesorgt, daß die Galloway-Cattle-Society seit 1998 eine eigene Sektion für die roten Galloways im Herdbuch führt.

Ausgerechnet der erste nach Deutschland importierte Galloway-Bulle „Danny Boy of Broadlea" war ein Rotfaktorträger, und er hat seine Spuren auch dort hinterlassen. Inzwischen gibt es eine kleine aber überaus aktive deutsche Gruppe von Züchtern der roten Galloways, die sehr professionell und zielgerichtet und damit auch erfolgreich züchtet. Es steht zu erwarten, daß der Kreis schnell wächst, denn die roten Galloways sind sehr attraktiv.

Es gibt zu den roten Galloways keine nennenswerten Hinweise in der Literatur. Ich fand jedoch einen bemerkenswerten Hinweis in der alten Literatur mit folgender Aussage. Die „Mark-Herde" des Mister J.K. Graham, gegründet von seinem Ur-Urgroßvater in Lawston, verzog im Laufe der Jahre über Newcastleton, Roxburghshire nach Kirkconnel nahe Ringford in der Provinz Galloway. Das war im Jahr 1856. Die Herde umfaßte damals schwarze, rote, dunfarbene und Belted Galloways, wie es eben üblich war zu jener Zeit.

Die roten Galloways gibt es in zwei Schattierungen der Pigmentierung. Die Fellfarbe ist bei beiden nahezu gleich, nur haben die einen durchgehend das Rot mit hellem

Flotzmaul und Augenlidern und die anderen haben eine dunkel pigmentierte Gesichtshaut, die teilweise in schwärzliche Schattierung übergehen kann und dunkles Flotzmaul sowie Augenlider. Die Ursprünge sind wie alles beim roten Galloway unbekannt. Vielleicht gelingt es eines Tages über groß angelegte Genomanalysen die wirkliche Abstammung zu entdecken.

Bin ich nicht auch schön?

Marbrack Red Gauntled, der Begründer der roten „Mochrum-Herde" von Miss Flora Stuart

Jungbullen Red-Galloway auf Old Place of Mochrum in Schottland

In Kanada auf der Prärie gesehen, Red-Galloway in „sehr groß!"

Jetzt komme ich!

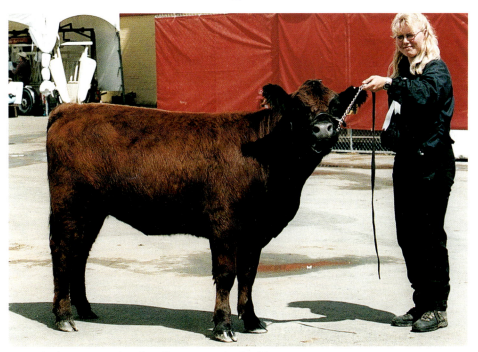

Kanadisches Jungrind Red-Galloway in sehr dunkler Pigmentierung

Junge Kuh Red-Galloway in heller Pigmentierung

„Old Place of Mochrum Red-Galloways"

Junger Bulle Red-Galloway in dunkler Pigmentierung

Eine Färse Red-Galloway im dunklen Typ, ein sehr schönes Tier

Eine junge Kuh Red-Galloway mit ihrem ersten Kalb, hier ein knappes halbes Jahr alt. Züchter und Besitzer Dieter Bojes

Die Belted Galloways

Buchstäblich fünf vor zwölf, im allerletzten Moment, haben ein paar aus Familientradition dem zweithäufigsten Farbschlag die Treue haltende schottische Züchter 1921 ein Herdbuch für das Belted Galloway gegründet und ihn damit vor dem Untergang gerettet. Wenn sich jedoch nicht auf Betreiben eben dieser Züchter schon sehr früh der „Rare Breeds Survival Trust", die britische Gesellschaft zur Erhaltung seltener Haustierrassen, in die Erhaltung eingeschaltet hätte, gäbe es vielleicht die Belties nicht mehr, zumindest in Großbritannien. Besonders diese Familien, ihre Anhänger und der in Großbritannien sehr aktive Trust haben das Verdienst der Erhaltung dieses wie auch einiger anderer Farbschläge. In den fünfziger Jahren des zwanzigsten Jahrhunderts gab es in Schottland nur noch etwa 200 Belted-Galloways im Herdbuch, und der Farbschlag wurde vom Trust in die höchste Gefahrenklasse eingestuft. Das hatte Prioritäten der Rettungsmaßnahmen zur Folge, die sehr schnell erste Erfolge zeitigten. 1981 hatte die Population schon wieder fast 500 Herdbuchtiere und 1992 fast 1200. Sie wurde damit aus der höchsten Stufe in die Beobachtung entlassen. Im Jahr 1999 betrug der Herdbuchbestand in Schottland etwa 6500 Belted-Galloways.

Der aus Schottland importierte Belted-Galloway Bulle „Bolebec Hoist the Flag" steht noch im alten Typ der Belties

Neben den einfarbigen ist das Belted-Galloway ganz sicher der älteste Farbschlag, auf jeden Fall aber der auffälligste. Die Vermutung der Entstehung durch das Einkreuzen des niederländischen Lakenveld-Rindes im 17. Jahrhundert wurde durch Blutteste und Genomanalysen der Universität Edinburgh von 1964 bis 1967 im Auftrage des berühmten Züchters und Forschers Lord David Stuart widerlegt. Die Wissenschaftler konnten überhaupt keine Gene der sogenannten Kontinentalrassen nachweisen. Sie vermuten die Verwandtschaft zu einem Gurtschecken-Milchrind Britanniens, das im Mittelalter letztmalig erwähnt wurde und ausgestorben ist. Gleiche nicht zuzuordnende Gene wurden in Belted-Walsh-Black-Rindern nachgewiesen, welche es in Wales noch in kleiner Zahl gibt.

Das Belted-Galloway wurde 1673 erstmalig in der Literatur erwähnt, sonst gibt es keine frühen Hinweise. Der Marquis of Linlithgow besitzt ein Gemälde aus dem Jahre 1820, das eine Red-Belted-Kuh als Siegertier auf einer großen Schau in Edinburgh zeigt. Ein Mister G.G.B. Sproat beschreibt 1911 Red-Belties als zuvor relativ häufig, aber als unhandig verrufen und deshalb vom Herdbuch ausgeschlossen. Sproat hält dieses für „dumm" und bescheinigt den Red-Belted-Galloway hingegen sehr gute Charaktereigenschaften.

Der später in Deutschland recht erfolgreiche „Boreland Frank", als Jungbulle nach Deutschland importiert

Es ist bekannt, daß Belted-Galloway etwas lebhafter sind als die anderen Galloways und daß das ein Erbe ihrer Milchvieh-Ahnen sein muß. Die Belties haben auch heute noch die beste Milch- und damit Aufzuchtleistung von allen Galloways. Ein Mister Brown aus Castle Douglas hat seine Herde schon ab 1914 jahrelang der Milchleistungskontrolle angeschlossen und deshalb sehr gute Aufzeichnungen darüber hinterlassen. Die Durchschnittsleistung lag bei 743 Gallonen/3378 Liter Milch mit 4,33 % Butterfett. Die Spitzenkuh gab 1125 Gallonen/5114 Liter Milch. Man muß sich vergegenwärtigen, daß die Tiere extensiv gehalten wurden, um diese Leistung zu würdigen. Auf Mochrum, dem Stammsitz von Lord Stuart wurden von 1950 bis 1958 die besten Belted-Galloway-Kühe ebenfalls gemolken, um die Familie und die Farmmitarbeiter mit Milch und Butter zu versorgen. Er beschreibt die Butter als sehr weiß und nicht zu vergleichen mit der der Milchrassen.

Das Belted-Galloway hat einen etwas feineren Knochenbau als die anderen Farbschläge und oftmals ein etwas längeres Gesicht. Obwohl es diesen Typ mit der alten Milchvieh-Charakteristik hier und da noch gibt, darf man sagen, daß zumindest in Deutschland und Schottland die Mehrzahl der Belties inzwischen außer dem Gurt kaum mehr etwas von den schwarzen unterscheidet. Man hat in den letzten fünfundzwanzig Jahren sehr viel erreicht. Daß das Belted-Galloway weniger adaptionsfähig ist als die anderen Galloways, muß als Mähr angesehen werden. In den amerikanischen und kanadischen „Blizzard-Staaten" widersteht es seit mehr als zweihundert Jahren genau so allen Witterungsbedingungen wie andererseits in den Outbacks in Australien. Belted-Galloways gibt es wie bei den anderen Farbschlägen ebenfalls in den Pigmentierungen schwarz, dun und rot. Die dunfarbenen wurden von Anfang an im Herdbuch der Belted-Galloway-Cattle-Society, die roten Belties erst ab Mitte der neunziger Jahre geführt. In Deutschland gibt es im Vergleich zu den schwarzen relativ wenige Belted Galloway, hauptsächlich natürlich schwarze. Es gibt jedoch auch hier erste Dun-Belties und Red-Belties. Bei Bluttesten wurden bei schwarzen Belted Galloway wiederum rote Gene festgestellt.

Interessanter Weise gab es zu der Zeit, als die Belted-Galloway in Schottland schon fast ausgestorben waren in den Vereinigten Staaten eine vergleichsweise riesige Population, die jedoch von den Schotten einfach ignoriert wurde und für die Erhaltung keine Bedeutung hatte.

Belties Kinderstube

„Park Thats' Live", einer der schönsten Belted-Galloway Bullen überhaupt, vielfacher Champion auf zahlreichen großen Schauen in Großbritannien

John Corrie mit „Park Picnic", einer sehr erfolgreichen Belted-Galloway Kuh auf vielen Schauen mit sogar erfolgreichem Nachwuchs

Der Stammvater der roten Belties auf Old Place of Mochrum

Red-Belted-Galloway Kuh mit schönem Kalb auf Old Place of Mochrum, Kenner sagen: „Das hat was!"

Auch das gibt es gelegentlich bei allen Pigmentierungen, den nicht geschlossenen Belt

Ein sehr schönes Rind Red-Belted-Galloway

Das wohl erste „Red-Belted-Galloway" im deutschen Herdbuch, gezüchtet von Familie Kindel

Ein dunkel pigmentierter Jungbulle Red-Belted-Galloway auf Old Place of Mochrum

Zwei sehr typvolle Dun-Belted-Galloway Kühe auf Old Place of Mochrum

Ein feines Rind Dun-Belted-Galloway

Schottische Dun-Belted-Galloway Kuh mit sehr gut entwickeltem Kalb

White Galloway

Der für die meisten Betrachter attraktivste weil wohl auffälligste etwas exotisch wirkende Farbschlag sind die White Galloway. Der Name White Galloway ist vielleicht der nettere, denn weiß wie der Name aussagt, sind sie nicht und sollen sie nicht sein. Der deutsche Name Weißes Galloway ist da etwas zu direkt zu lesen. Dieser Farbschlag ist ebenfalls schon mehrere hundert Jahre alt und verdankt seine Entstehung der Fama nach einer Mode. Britische Landedle hielten sich auf ihren Anwesen in den Parks der Herrenhäuser das Chillingham-Rind oder das Park-White Rind. Betuchte nicht zum Adel gehörende Landbesitzer wünschten sich Ähnliches, konnten es jedoch aus gesellschaftlichen Gründen nicht erwerben. Man bediente sich dann des hornlosen British-White-Rindes und des Galloway und schuf damit ein ebenso attraktives wenn auch nicht so illustres Rind für seinen Park.

So weit, so gut. Es gibt Hinweise, daß gelegentlich auch das behornte Park-White Rind als Vaterrasse eingekreuzt worden ist, hauptsächlich aber war es das hornlose British-White, ein Zweinutzungsrind Milch/Fleisch mit sehr wahrscheinlich skandinavischen Urahnen. Daraus erklärt sich auch die etwas höhere Milchleistung und Aufzuchtleistung der Kühe dieses Farbschlages. Erst seit wenigen Jahren erfährt das White Galloway international Anerkennung und Eintragung in die Herdbücher, obwohl es in Schottland die Gründung des Herdbuches wenn auch in kleiner Zahl überlebt hat. Es wurde von einigen wenigen Züchtern weiter gezüchtet und mit privaten Aufzeichnungen geführt.

In einem Report der schottischen Society lange vor der Herdbuchgründung von 1743 wird erwähnt, daß es neben schwarzen Herden auch recht bunte mit roten, dunfarbenen und weißen Galloways gebe, die alle echte Galloways sein sollten. Youatt schreibt Anfang des neunzehnten Jahrhunderts, daß für ihn die milchleistungsstarken weißen Galloways mit den schwarzen Ohren die eigentlichen Galloways wären. 1786 beschreibt ein Mister Culley und 1830 ein Mister Cobbett in England gesehene „Galloways" mit schwarzen sowie roten Ohren und Flotzmaul und ebensolchen Punkten über den gesamten Körper verteilt. Der letztere gerät über seine Beschreibung geradezu ins Schwärmen über diese ausgefallenen Galloways. Man mag über diese Schilderung lächeln, aber im Januar 2000 wurde in Alsfeld anläßlich des hessischen Fleischrindertages ein aus Kanada importiertes Rind „White-Galloway-Red-Pointed" mit ebensolchen Punkten vorgestellt. Ich muß gestehen, als Richter davor gestanden zu haben und nichts mit dem Tier anfangen zu können. Wieder einmal gilt, hätte ich doch damals gewußt?

Das seltene aber weltweit gelegentliche in schwarzen Herden auftauchende weiße Einzeltier gibt immer wieder Rätsel auf, denn man weiß heute, daß schwarze Tiere aus der Anpaarung Weiß x Schwarz keine weißen Gene abbekommen haben und damit auch nicht weitertragen können. Im Jahre 1912 hat ein amerikanischer Farmer in Nebraska ein paar Galloways erworben. In der Herde schwarzer Galloways lief eine White-Galloway-Färse, die er ebenfalls erwarb und später als Familien-Milchkuh nutzte. Sie hatte in ihrer Lebenszeit viele gut gezeichnete weibliche Kälber von schwarzen Bullen und gilt heute als die Stammmutter der meisten White Galloway außerhalb Europas. In Schottland geschah Ähnliches etwa 1919, als Mister Wilson von Kirkmabreck auf einem Farmausverkauf neben mehreren schwarzen Galloways eine White-Kuh mit Kuhkalb erwarb. Von diesen beiden Tieren stammen die meisten White Galloway in Schottland und Europa ab. In der Kirkmabreck-Herde laufen auch heute noch ein paar sehr schöne White Galloway, die schon zu Zeiten des Großvaters grundsätzlich von schwarzen Bullen gedeckt worden sind. Es gibt aufgrund des Auffindens solcher Einzeltiere auch Stimmen, die die Entstehung des Farbschlages über das British-White-Rind anzweifeln, wohlbemerkt nur die Entstehung, nicht die spätere Einkreuzung zur Vermehrung und Farbstabilisierung in jüngerer Zeit.

Als erster Verband hat Anfang der siebziger Jahre des zwanzigsten Jahrhunderts die American-Galloway-Breeders - Society die weißen Galloways mit voller Anerkennung in das Herdbuch aufgenommen. Die schottische Belted-Galloway-Cattle-Society folgte 1981 mit der Anerkennung, und die Kanadier nahmen die White Galloways seit 1991 in einen Anhang ihres Herdbuches auf. Bezeichnender Weise waren die ersten vier White Galloways in Kanada aus den USA importiert. In Deutschland erfolgte die Anerkennung und Eintragung mit dem Import der ersten Tiere. Wegen der mehr oder weniger großzügigen Anerkennung der Herdbucheintragungen in den verschiedenen Bundesländern aber auch international gibt es immer wieder Unruhe unter den Anhängern der weißen Schönheiten.

Das einzige Manko dieses Galloway-Schlages ist die geringe Farbstabilität in der Generationenfolge. Auf der einen Seite sind die genetisch reinerbigen (homozygoten) ganz weißen Tiere, die auch reinweiß vererben. Das ist so natürlich nicht gewollt. Auf der anderen Seite sind die genetisch gemischterbigen (heterozygoten) Individuen, die im Idealfall schwarze und weiße Gene in der richtigen Verteilung tragen und wunderschön sind. Nur streuen diese Tiere in der Nachkommenschaft farblich stark. Bei der Anpaarung von heterozygoten Individuen fallen nach den Erbgesetzen 25% schöne weiße, 25% schwarze und 50% mischfarbige Nachkommen, in denen die eine oder andere Farbe überwiegt. Nach neuesten Erkenntnissen auch aus der züchterischen Praxis hat man die besten Aussichten auf gut gezeichnete White Galloways bei der Anpaarung von heterozygoten mit schwarzen Tieren. Es fallen rechnerisch 50% gut gezeichnete White Galloways und 50% reinerbig schwarze. Seit man in Schottland diese Erkenntnisse konsequent umsetzt, sieht man wesentlich mehr wirklich schöne White Galloway im zudem originären Galloway-Typ auf allen großen Schauen. Auch für Deutschland kann man feststellen, daß diejenigen Züchter die farblich und typmäßig besseren Tiere haben, die gelegentlich gezielt schwarze Vererber einsetzen.

Wie auch immer die anderen Pigmentierungen in diesen Farbschlag hineingezüchtet worden sind, es gibt wohl über Rot- und Dunfaktorträger eingebrachte Gene. So ist es ganz normál, daß gelegentlich White Galloway mit roten oder dunfarbenen Markierungen auftauchen, und es ist heute kein Problem mehr, solche Tiere zu erhalten. Es gibt Züchter, die geradezu versessen darauf sind, solche Galloways zu besitzen und zu züchten. Selbst im besten Galloway-Typ bestechen sie durch ihr apartes Aussehen jeden Betrachter.

Da lacht das Herz!

Der Stammbulle der White Galloway auf Old Place of Mochrum, Miss Flora Stuart

Jungbulle White-Galloway etwa zweieinhalb Jahre alt auf Park of Tongland

„Sir Henry", jahrelang der Vererber der Familie Behrens

Ein sehr korrekter und schwerer deutscher White-Galloway Bulle im Besitz von Arno Spielmann

Kolorierte Bleistiftzeichnung Doris Katharina Benkwitz, 20 x 30 cm, Original im Besitz des Verfassers

Das Glück eines jeden Züchters ist ein fein gezeichnetes Kalb

Schöner geht es wirklich nicht!

Eine schwere Kuh White-Galloway mit tollem Kuhkalb, beide in sehr feinem sauberen Weiß, gesehen auf Kirkmabreck bei der Familie Wilson

Ein sehr gut gezeichnetes und entwickeltes White-Galloway Rind aus deutscher Zucht

Normal auf den Weiden der White Züchter - bunte Vielfalt

Ein sehr schönes Jungrind White Galloway, ein Jahr alt

Das ist noch kein Rigget-Galloway, sondern ein stark überzeichnetes weißes Kalb.
Foto: K.-H.Gerling

Eine aus Kanada importierte White-Galloway Kuh, wahrlich keine Schönheit, aber eine gute Vererberin

Sir Henry und seine beiden kanadischen Ladies

Züchterglück, Zwillinge, und dazu noch beide schöne Whites

Das weiße Trio läßt sich`s schmecken

In Deutschland entdeckt, ein feines Jungrind White-Galloway-Dun-Pointed aus der Zucht von Manfred Lüske

Zehn Monate altes sehr gut entwickeltes Jungrind White-Galloway-Dun-Pointed aus der Zucht von Manfred Lüske

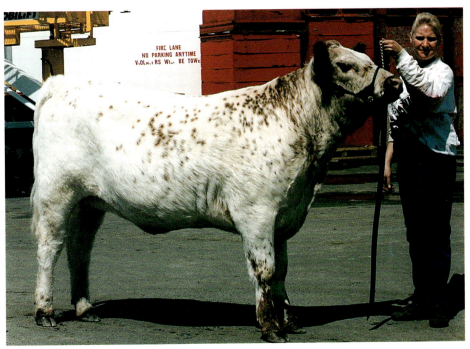
Kanadisches Jungrind White-Galloway-Dun-pointed

Miss Flora Stuarts erste White-Galloway-Red-Pointed, aus den USA importiert

White-Galloway-Red-Pointed auf Old Place of Mochrum, Miss Flora Stuart

Ein typmäßig anderes White-Galloway-Red-Pointed Rind auf Old Place of Mochrum, es hat eine ganz andere Fellstruktur

Der kanadische White-Galloway Bulle "Galair White Lad" wiegt hier 1300 kp

Schon das Gesicht sagt es aus, dieses ist ein starkes Rind

Das Rigget Galloway

Der jüngste wiederentdeckte Farbschlag des Galloway ist das sogenannte Rigget Galloway, eine schwarz-weiße Rückenschecke. Obwohl sie in der Vergangenheit wohl gar nicht so selten waren, wurden sie im zwanzigsten Jahrhundert bei Auftreten stets als Blue-Gray-Fehlfarbe oder gar als unerklärlicher Fehltritt abgetan und nicht zur Zucht genutzt. Sie fielen vor allem bei der Zucht der White Galloway häufiger und wurden dort als stark überzeichnet angesehen und geschlachtet, weil man es einfach nicht besser wußte. In einem Buch aus dem Jahr 1935 gibt es einen Hinweis auf Eintragung eines Rigget-Bullen im Council-Report von Rothesaytown im 19. Jahrhundert, es gab damals das Herdbuch noch nicht. Es gibt auch Hinweise auf gelegentliches Auftauchen der Rigget-Zeichnung bei Aberdeen-Angus-Rindern.

Immer wieder besondere und auffällig gleiche Zeichnungsmerkmale dieser Rückenschecken gaben 1988 der schottischen Züchterfamilie Corrie von „Park of Tongland" zu denken und sie begannen nach der Ursache zu forschen. Die Nachforschungen ergaben dann, daß es sich um das lange als ausgestorben geltende Rigget-Galloway handelte. Ein seinerzeit zur Identifizierung herangezogenes Bild, es lag nur in schwarz-weißer Reproduktion vor, stellte sich später als Fehlinterpretation heraus. Erst als man das Original, einen kolorierten Stich aus dem Jahr 1805, zu Gesicht bekam, erkannte man den Irrtum. Dieser Stich zeigte eine „fette Galloway Färse" als Schautier auf der Smithfield-Schau 1804. Unter dem Bildtitel wurde eine handschriftliche Bemerkung gefunden, die auf eine Zebueinkreuzung hinwies. Auf jeden Fall deutet dieser farbige Stich eher auf das Brindle-Galloway als auf das Rigget hin.

Es muß gesagt werden, daß nur ein Teil der Tiere die aus heutiger Sicht optimale Rigget-Zeichnung trägt. Dieser Farbschlag trägt Farbmuster von zwei sehr alten und inzwischen seltenen britischen Rinderrassen wenigstens teilweise in sich, nämlich einerseits die deutliche Rückenscheckung vom gehörnten Gloucester-Rind, sprich Gloster, und zum anderen die weißen Augentropfen und die feine Halskrause, die recht häufig im hornlosen Zweinutzungsrind Irish Moiled anzutreffen sind. Vielleicht steckt von beiden Rindern etwas darin, auf jeden Fall sind aber die Riggets typischer Galloway - als einige der anderen Farbschläge. Mister Corrie hat als Test ein paarmal Irish Moiled eingekreuzt. Das Ergebnis war niederschmetternd, die Nachkommen hatten nicht mehr viel Ähnlichkeit mit den Galloways

Heute gibt es in Schottland, Kanada und Deutschland jeweils eine kleine Population dieser interessanten Galloways, und sie erfreuen sich zumindest in Schottland und

Deutschland steigender Beliebtheit. Inzwischen konnte auch von den Züchtern die These widerlegt werden, daß Riggets nur über weiße Galloways fallen sollen. Ich selbst habe auf einer kanadischen Prärie-Farm mit nur schwarzen und roten Galloways ein sehr ansprechendes Rigget-Galloway aus dortiger Nachzucht gesehen und fotografiert. In Deutschland sind inzwischen Riggets aus Riggets und Anpaarungen von weißen mit schwarzen-Tieren gefallen. Ein besonders interessanter Fall ist der einer weißen Kuh mit zuvor weißen Nachkommen und nach Anpaarung mit einem schwarzen Bullen einem ersten Rigget-Kalb, das heute ein sehr ansprechender und wohlproportionierter Bulle ist. Man darf auf seine Rigget-Nachkommenschaft gespannt sein. Man darf auch darauf warten, wann die ersten Riggets in rot oder dunfarben auftauchen. Bei einem Züchter wurde ein leider nicht gut gezeichneter Bulle geboren, der zunächst rot war und nach einem halben Jahr schwarz mit nur noch einem Rotstich im Sonnenlicht.

So sieht ein ideal gezeichnetes Rigget-Galloway aus!

Ohne Kommentar!

Ein schickes schottisches Rind „Rigget-Galloway"

Ein sehr bunter Absetzer Rigget-Galloway aus der Zucht von K.-H. Gerling

In Kanada auf einer Prärie-Farm gesehen, ein Rigget-Galloway

Soweit bekannt die erste Rigget-Galloway Kuh mit einem feinen Rigget-Kalb. Stolzer Züchter ist Karl-Heinz Gerling. Foto: K.-H. Gerling

Ein typstarker Jungbulle Rigget-Galloway

Ein wirklich toller Typ dieser „Lenard"

Optimal gezeichnetes Rind Rigget-Galloway aus der Zucht von K.-H. Gerling

Ein Rigget-Galloway Bulle von Miss Flora Stuart, Old Place of Mochrum, Schottland

Der derzeitige Stammbulle Rigget-Galloway bei K.-H. Gerling, gezogen von Bernhard Behrens aus einer White-Galloway Kuh und einem schwarzen Bullen

Noch eine Schönheit aus der Zucht von Karl-Heinz Gerling

Galloways international

Galloways kommen tatsächlich weltweit vor, teilweise von den Briten in ihre ehemaligen Kolonien mitgenommen, teilweise importiert. Sie haben sich überall gut behaupten können und durch unwahrscheinliches Anpassungsvermögen akklimatisieren lassen. Zumeist haben diese Vorkommen jedoch keine große Bedeutung, oder bestehen eventuell nur noch dem Sagen nach, da neuere Hinweise fehlen. So soll es in Argentinien, Brasilien und Chile Galloways geben sowie in Kenia, Südafrika oder im sibirischen Teil Russlands.

In Europa gibt es inzwischen viele Staaten mit wachsenden Galloway-Populationen. Diese sind fast alle noch im Aufbau begriffen und haben vorerst nur geringe Tierzahlen aufzuweisen und zum größten Teil auch kein Verbandswesen. Man möge mir nachsehen, wenn ich sie nicht alle aufzähle, es würde den Rahmen sprengen. Die Schweiz hat einen jungen Verband mit sehr aktiven Züchtern und überaus strengen Regeln, die nicht durch EU-Gesetze eingeschränkt werden können. 1996 gegründet umfasst der Verband 1999 fünfundsechzig Mitglieder mit etwa 200 Herdbuchtieren. Auch in Österreich und Dänemark haben kleine aber aktive Verbände mit jeweils ein paar hundert Tieren Fuß gefasst.

Australien

1956 kamen die ersten Galloways nach Australien, dem Vernehmen nach über Farmer, die im Weltkrieg als Soldaten in Großbritannien stationiert waren und sie dort kennengelernt haben. Gemessen an den Rinderzahlen des Kontinents ist die Population Galloways auch heute noch verschwindend klein. Die drei australischen Verbände haben zusammen etwa 200 Mitglieder und gut 2500 Herdbuchtiere und sehr viel mehr Wirtschaftsvieh. Interessant ist die derzeitige Situation der Zucht durch drei den hart umkämpften Markt positiv beeinflussende Faktoren. Da ist zunächst die endlich erkannte hohe Qualität des Fleisches, denn auf allen großen Landwirtschaftsausstellungen des Landes haben in den letzten Jahren die Galloway-Schlachtkörper gegen große Konkurrenz alles an Preisen gewonnen, was zu gewinnen war. Da ist als zweites der überaus erfolgreiche Einsatz von Galloways als Vaterrasse in den Gebrauchsherden, der sich aufgrund der sehr geringen Kalbeschwierigkeiten mit überaus vitalen Kälbern ergab. Trotz großer kostensenkender Personaleinsparungen gab es deutlich weniger Kalbsverluste und damit mehr Gewinn. Der dritte Faktor ist bisher einzig in der Welt. Die „Miniatur-Galloways" machen im Moment Furore und werden vom australischen Verband schon wegen der immensen Werbewirkung geduldet und gefördert. Seit fünfundzwanzig Jahren hat man durch strenge Selektion auf kleine Galloways, wohlbemerkt weder Kümmerlinge noch Krüppel, bis 1999 eine Population von gut 250 Herdbuchkühen aufbauen können. Sie werden heute von fünfzehn Betrieben gezüchtet und betreut und als wirtschaftliches Vieh betrachtet. Es gibt sie in Belted-, Black- und Dun-Galloways, die nur geringfügig größer als das Dexter-Rind sind. Seit 1997 werden sie auf allen großen Schauen in Australien sehr professionell in eigenen Richtgruppen vorgestellt und sind überall die Attraktion schlechthin.

Bis gegen Ende der achtziger Jahre führten die australischen Galloways mehr oder weniger ein Schattendasein. Der enorme Aufschwung und die gewonnene internationale Bedeutung der letzten Jahre sind hauptsächlich einer Züchterfamilie zu verdanken. Die Familie Bradley mit ihren „Globe-Tieren" schon von Kanada her allein durch die Bullen „Globe-Magnum" und „Globe-Titan" weltberühmt, wechselte von Kanada nach Australien und firmiert dort heute unter „Globex" und das natürlich genau so erfolgreich wie zuvor. Sie haben der australischen Galloway-Zucht zu der heutigen Bedeutung verholfen.

Neuseeland

Direkt nach dem Weltkrieg brachten 1947 neuseeländische Farmer die ersten Galloways mit nach hause. Sie hatten sie in Schottland kennen und schätzen gelernt und erachteten sie schon vom heimischen Klima her für Neuseeland gut nutzbar. Erst 1967 wurde ein Verband gegründet, der heute etwa 100 Mitglieder mit über 500 Herdbuchtieren umfasst. Es gibt natürlich eine wesentlich größere Zahl von Wirtschaftsvieh. In Neuseeland kennt man keine Direktvermarktung, sie ist verboten.

Alle Rinder werden nur über den hart umkämpften offiziellen Markt gehandelt. Dieser Situation mußten sich auch die Galloway-Züchter stellen und haben es getan. Es gibt Betriebe mit kleineren Herden zur Landschaftspflege für die Schafe, aber auch einige Herden mit mehr als 200 Mutterkühen besonders Belted Galloway wegen der höheren Aufzuchtleistung bei niedrigen Kosten. Schwarze Galloways sind selten, genau wie White Galloway und anders als in Europa oder den USA Zucht und Haltung als Hobby. Trotzdem ist man auch in Neuseeland im Aufwind, weil der harte südostasiatische Fleischmarkt durch Niedrigpreise zum Umdenken zwingt. Man hat doch erkannt, daß man Rindfleisch nicht preiswerter produzieren kann als über Galloways. Die hohe Qualität steht hier zunächst nicht zur Debatte, allenfalls noch das einfache und personalsparende „Handling" dieser Herden und Einzeltiere.

„Edward" ein typischer Schotte aus den Niederlanden

Galloways und Emotionen

Der langjährige Umgang mit Galloways beschert einem Arbeit, Freude, Abenteuer, gelegentlich schmerzliche Stunden, aber sehr viele unvergessliche Momente. Galloways können sehr anhänglich sein oder scheu, haben die unterschiedlichsten Charaktere und können individuell sehr verschieden auf uns Menschen eingehen. Sie sind manchmal geradezu dreist, fast immer stur und sehr insinktsicher, eben unverfälscht und naturbelassen.

Für mich waren sie, selbst wenn ich auf sie schimpfte, immer ein Quell der Freude, und es gab nach Berufsstreß oft nichts Schöneres, als abends eine oder mehrere Stunden auf der Weide bei ihnen zu verbringen. Ein paar kleine aber unvergessliche Episoden aus meiner Zeit mit den Galloways, sehr persönliche Erlebnisse und Eindrücke mögen am Ende des Buches die Faszination, wie sie eigentlich jeder Halter und Züchter erlebt hat, noch einmal verdeutlichen.

Landward war ein toller Bulle, sehr anhänglich und umgänglich. Er liebte es, bei meinen Besuchen ordentlich grob gekrault zu werden und forderte diese Streicheleinheiten. Zeitknappheit kannte er nicht, und seine Forderungen nach Mehr bescherten mir gelegentlich blaue Flecken. Andererseits machte es ihm einen Riesenspaß, meinen Juniorpartner von der Weide zu jagen. Er spürte genau, daß der Angst hatte und lief deshalb einfach auf ihn zu. Ich könnte heute noch wetten, er hat gelacht.

Floradora war eine kleine runde Kuh und stand in der Rangordnung ganz hinten. Sie war stets ruhig und überaus anhänglich und sie war über all die Jahre für alle Kälber die gute Tante. Ich bin nie dahinter gekommen warum, aber alle Kälber scharten sich stets um sie, und gelegentlich durften auch alle mal trinken.

Queen war eine sehr gute Mutter und wußte stets genau, wo ihr Kalb sich versteckt hielt. Im Gegensatz zu anderen Kühen, die sich letztlich immer durch Hinsehen verrieten, wenn wir auf Kalbssuche gingen, tat sie immer unbeteiligt und blickte nie in die Richtung des Versteckes. Man konnte direkt neben dem Kalb stehen und es passierte nichts. Fasste man jedoch das Kalb nur an, bebte die Erde bei ihrem Ansturm. Der Sidestep a la Matador fort vom Kalb ließ ihre Wut sofort vergehen.

Florida war ebenfalls eine kleine Kuh am Schluß der Hierarchie und dazu noch eine ganz liebe. Bei ihren Kälbern konnte man die Ohrmarken am besten einziehen, wenn sie das erste Mal richtig tranken und beschäftigt waren. Sie blökten nicht und Mutter hatte alles im Auge. Eines ihrer Kälber war einmal krank und ich mußte den Tierarzt bemühen. Zur Sicherheit für den Tierarzt hatte ich alle Kühe in den Kral gelockt. Das Kalb hatte sich versteckt abgelegt, und ich mußte es einfangen und anbinden. Anschleichen, ein Sprung und ich hatte das Kalb blitzschnell am Strick. Vor Schreck fing es fürchterlich an zu blöken und die kleine Florida sprang aus Sorge ansatzlos über die 120 cm hohe Einfriedung des Krals. Erstmals wurde mir Angst und Bange, und ich ließ das Kalb, aber nicht den Strick los. Da sie nur Augen für ihr Kalb hatte, wurde ich verschont. Seit der Zeit ist sie argwöhnisch, wenn ich in die Nähe ihres Kalbes komme.

Wenn Galloways etwas nicht wollen, dann wollen sie nicht. Mit ein paar Tricks und Leckereien und vor allem viel Ruhe und Geduld erreicht man doch letztendlich alles bei ihnen. Manchmal scheint dieses Nichtwollen aber einfach nur Spaß zu machen. Kirsten sollte in den Fangwagen und stand direkt in der offenen Tür, aber ganz hinein wollte sie nicht. Klapse auf das Hinterteil, Schimpfe und Schiebeversuche halfen nicht. Sie drehte den Kopf und schaute mich an, diese Augen sind einmalig. Versuchen Sie einmal eine 550 Kp-Kuh zu schieben, wenn sie nicht will. Sie hätte sich auch umdrehen und weggehen können oder einmal richtig ausschlagen. Nein, sie stand wie der Fels in der Brandung und genoss mein Elend. Erst als sie aus meiner Stimme meine Wut und Verzweiflung heraushörte, machte sie ein paar Schritte und war drinnen. Ihre Blicke schienen zu sagen: „Ich gehe hinein, wann ich will!"

Bei nebligtrübem Herbstwetter stand ich abends auf der Weide und kontrollierte die Tränken. Da ich Leckereien mitgebracht hatte, standen noch alle Kühe und Kälber um mich herum, als urplötzlich die ganze Herde sich von mir abwandte und nach hinten schaute. Was ist denn nun los, war mein erster Gedanke. Im nebligen Halbdunkel konnte ich dann schemenhaft drei Rehe mehr erahnen als erkennen, die am anderen Ende über die Weide wechselten. Sie hatten sie bemerkt, obwohl sie mit mir beschäftigt waren.

Im Februar, bei gefrorenem Boden und etwas Schnee, wurde ein Kalb geboren, normaler Weise kein Notstand. Nachts drehte der Wind auf Ost und verschärfte sich. Ich erinnerte mich an den sogenannten „Windshieldeffekt", im Radio heute oft als gefühlte Temperatur bezeichnet. Es waren mittlerweile 10 Grad Minus erreicht und zur Sicherheit kontrollierte ich kurz nach Mitternacht die Herde und fand das Kalb fein zusammengerollt und windgeschützt zwischen dem Bullen und seiner Mutter liegend.

Zum Schluß noch einmal Winter. Floradora bekam ihr erstes Kalb bei uns zwei Tage vor Weihnachten bei minus 6 Grad Celsius. Als Neulinge wußten wir, daß das überhaupt kein Problem sein sollte, aber wußte die Erstkalbin Floradora das auch? Kurz vor Mitternacht wurde das Kalb geboren, natürlich ganz oben in der höchsten und hintersten Ecke der Winterweide. Wir hatten in einer alten offenen Scheune einen Futterplatz und dort eine Strohschütte vorbereitet, schnappten uns das Kalb und trugen es in die Scheune während die Mutter brummend hinter uns her trottete. Bei einer Kontrolle eine Stunde später war der Scheunenplatz wieder leer und das Kalb lag neben Muttern dort, wo es geboren worden war. Floradora hat später nur dort gekalbt, und wir haben nie wieder ein Kalb in Sicherheit getragen.

Lieber Leser, schauen Sie einmal einem ganz jungen Galloway-Kalb in die dunkelblauen Augen und bewundern Sie die langen Wimpern, gibt es irgendwo Schöneres?

Floradora und die Kälber!

„Craigmuie Fedora" liebte es, gekrault zu werden und verdrehte vor Wonne die Augen

Annäherung, meine ersten vier Färsen

Träumerle schläft zur nächsten Mahlzeit

Nichts entgeht ihm!

Das kleine Wunder!

Ich ergriff das Kalb bei seinen Vorderfüßen und zog es zu seiner Mutter Kopf. Die Kuh lag ausgestreckt auf der Seite, den Kopf erschöpft auf der rauhen Erde. Ihre Rippen hoben und senkten sich, ihre Augen waren nahezu geschlossen, sie wirkte abwesend. Dann fühlte sie des Kalbes Körper an ihrem Gesicht und es vollzog sich eine Verwandlung. Ihre Augen öffneten sich weit und ihr Flotzmaul begann eine schnüffende Untersuchung dieses neuen Objektes. Ihr Interesse wuchs mit jedem Atemzug und sie kämpfte sich hoch auf die Brust. Dann begann sie methodisch zu lecken. Die Natur stellt für den Moment wie diesen die stimulierende Massage bereit und die kleine Kreatur krümmte den Rücken als die rauhe Zunge über das Fell strich. Innerhalb einer Minute schüttelte es den Kopf und versuchte hochzukommen. Ich strahlte. Das war das Bißchen welches ich so liebte. Das kleine Wunder. Ich fühlte, es war etwas das sich nie verbrauchen würde so oft ich es sah.

Übersetzt aus: „If only they could talk" von James Herriot.

*Bleistiftzeichnung Doris Katharina Benkwitz, 20 x 30 cm,
Original im Besitz von Dr. Hans-Jürgen Apelt*

Galloway in Deutschland

Eine beispiellose Erfolgsstory

Die ersten Galloways wurden offiziell im Juni 1973 nach Deutschland importiert. Der Nestor der deutschen Galloway-Zucht, Herr Helmut Schornstein, hatte auf einer Landwirtschaftsausstellung in Paris erstmals Galloways gesehen und sich sogleich in sie verliebt. Nun brachte er seine ersten acht Galloways aus Schottland nach Deutschland. Ein schwarzer Bulle mit dem schönen schottischen Namen „Dany Boy of Broadlea", fünf schwarze und zwei dunfarbene Färsen, alle tragend, weideten fortan im Vogelsberggebiet in Hessen auf Grenzertragsweideland. Die problemlose Eingewöhnung und die durchweg positiven Erfahrungen mit seinen ersten Galloways bewogen Herrn Schornstein, sich von seinen Angus-Rindern zu trennen und ganz und gar auf Galloway zu setzen.

Bis zu Beginn der achtziger Jahre war es eigentlich still um die Galloways, obwohl die Rasse hier und da aufhorchen ließ. 1977 begann das Forstamt Neumünster in Schleswig-Holstein nach Recherchen über die vierbeinigen Landschaftspfleger unter Forstdirektor Barford ein größeres Landschaftspflegeprojekt mit Galloways, das später nach Bekanntwerden der durchweg positiven Ergebnisse an Zuwachs im Spektrum von Pflanzengesellschaft, Kriechtieren und Kleinlebewesen einerseits und deutlichen Rückgangs von Verbuschung und Vereinsamung der Pflanzenarten andererseits Schlagzeilen machte und Ökologen aufhorchen ließ.

Auf der DLG-Ausstellung 1980 in Hannover, damals das deutsche Aushängeschild der Agrarwirtschaft, wurden erstmals Galloways einer breiten Öffentlichkeit vorgestellt. Ein Bulle und vier Färsen waren die absoluten Publikumslieblinge und fanden darüber hinaus reges Interesse seitens der Fachwelt.

Bis 1979 wurden eigentlich nur wenige Galloways, zumeist von Herrn Schornstein und Freunden importiert. Von 1979 bis 1984 wurden aus Schottland ganze 469 Tiere importiert, 45 Bullen und 424 weibliche Tiere. Die realen Zahlen über den wachsenden Bestand an Galloways in Deutschland ab 1984 weist die Statistik des BDF aus. Ab 1984 begann der eigentliche Höhenflug der Rasse Galloway in unserem Land und nahm nie erahnte und wiederholbare Formen an, bis er zumindest oberflächlich betrachtet durch die BSE-Katastrophe jäh unterbrochen wurde.

Am 26. November 1983 versammelten sich über fünfzig Galloway-Züchter in Krofdorf / Hessen und gründeten den Bundesverband Deutscher Galloway-Züchter e. V. unter Vorsitz von Oskar Harz, Helmut Schornstein und Hermann Maack. Die Familie Maack steuerte damals noch das bis heute beliebte und geschätzte Schild Galloway in Deutschland bei. Dieser Rasseverband ist seit damals stetig gewachsen und heute allseits anerkannter Vertreter der Rasse Galloway und seiner Züchter gegenüber Landes- und Dachverbänden sowie Regierungsstellen. Schon im Frühjahr 1984 wurde der BDG vom Bund Deutscher Fleischrinderzüchter anerkannt und als Mitglied aufgenommen.

In den Jahren ab 1984 bis Frühjahr 1990, als die allerletzten Importe aus Schottland genehmigt wurden, sind tausende von Galloways nach Deutschland eingeführt und zuletzt zu absoluten Phantasiepreisen an die Liebhaber veräußert worden. Die teilweise extremen Typen unter den Importeuren, zumeist weder Landwirte noch Viehhändler im eigentlichen Sinne, sowie die besondere Klientel unter den Käufern haben dann zunächst dazu geführt, daß die konservativen Landwirte und Viehzüchter, obwohl interessiert, sich den Galloways als Zirkustieren oder Exoten und natürlich finanziell nicht mehr erschwinglich, verweigerten.

Die allseits belächelten Freizeit-Bauern, von den Landwirten zunächst oft als Garagenzüchter tituliert, haben teilweise viel Lehrgeld gezahlt aber insgesamt bewiesen, daß sie sehr wohl in der Lage waren, Galloways zu halten und zu züchten. Ärzte, Kaufleute, Handwerker, Beamte, Soldaten, Angestellte und Resthofbesitzer, um wenigstens einige zu nennen, wurden zu ordentlichen und begeisterten Landwirten und Viehzüchtern und schon recht bald zu gefragten und anerkannten Mitstreitern in den Ehrenämtern der Verbände. Die Schickeria hat sich inzwischen lange zurückgezogen und glücklicher Weise immer mehr berufsmäßige Landwirte wurden zu leidenschaftlichen Galloway-Züchtern.

Der Fall Cindy und der Umbruch

Im Schulterschluß haben die Galloway-Züchter und der Verband seinerzeit streitwillig und streitfähig den überzogenen Willkürmaßnahmen der Bundesregierung und der Landesregierungen im Zusammenhang mit der BSE-Krise erfolgreich Widerstand geleistet. Sie haben in einer von den Gegnern gründlich unterschätzten neuen Art von Bauernkrieg obsiegt ohne anschließend lauthals zu triumphieren. Stolz können heute die Galloway-Züchter sagen, daß kein Galloway gegen den Willen seines Besitzers getötet worden ist. Später freiwillig abgegebene Tiere wurden, obwohl es von den Regierungen zunächst nicht vorgesehen war, auf Drängen der Züchterschaft untersucht und ordentlich abgefunden. Übrigens waren alle Galloways frei von BSE-Anzeichen. Inzwischen sind die Galloways in Deutschland mehr als nur rehabilitiert und die letzten noch von der Fleischindustrie gehaltenen Sanktionen haben nichts mit dem BSE-Makel von damals gemein, sondern sind Maßnahmen im Zusammenhang mit der Situation am Fleischmarkt allgemein und den besonderen Qualitäten des Galloway-Fleisches.

Im September 1998 wurde in Verbindung mit der inzwischen fünften Bundes-Galloway-Schau anläßlich der zwei Jubiläen „25 Jahre Galloway in Deutschland" und „15 Jahre Bundesverband Deutscher Galloway-Züchter" auf deutsche Einladung der zweite Galloway-Welt-Kongress in Alsfeld / Hessen abgehalten. Den Gästen aus Politik und Landwirtschaft und den ausländischen Kongressteilnehmern wurde eine von Tierzahl und Qualität nie zuvor erreichte Kollektion Galloways in allen bekannten Farben vorgestellt. Nicht zuletzt das professionelle und leidenschaftliche Auftreten der deutschen Züchterschaft führte damals zur Gründung des Galloway-World-Council noch in Alsfeld, und der zuständige Fachminister des Landes Hessen machte sich die Worte des Bundesvorsitzenden aus der Begrüßungsrede zu eigen, in dem er feststellte: „Deutschland ohne Galloways ist eigentlich gar nicht mehr vorstellbar!"

Auch wenn bestimmt nicht gesagt werden kann, daß wir die BSE-Krise schadlos überstanden haben, die Galloways in Deutschland haben sie besser passiert, als man seinerzeit annehmen durfte. Keine Spur von Endzeitstimmung, eher Aufbruch war über die letzten Jahre das vorherrschende Element des Handelns der Züchterschaft. Ein Teil der in der Folge aufgelösten Betriebe hätte sowieso aufgehört, und dem gegenüber hat es auch ständig Neueinsteiger gegeben, und es gibt sie im Jahr 2000 wieder in steigender Zahl. Die Statistik und die Tierzahlen sind ein deutliches Zeichen für die Galloways.

Die Konsolidierung

Die derzeitige Situation in Deutschland für die Galloways ist schwierig zu analysieren. Im ausländischen Umfeld, sogar in Großbritannien, gibt es deutliche Signale für einen starken positiven Trend vor allem auch für Zuchtvieh als Folge der gestiegenen Nachfrage nach dem Fleisch. In Deutschland ist Galloway eindeutig die Nummer Eins in der Direktvermarktung von Fleisch des Hochpreissegments, ohne daß der Zuchtviehmarkt bisher spürbar nachzieht. Im Jahr 2000 ist zwar eine deutliche Steigerung gegenüber den letzten Jahren erkennbar, sie hält aber mit den Zuwachsraten beim Schlachtvieh nicht mit. Erste regionale Erfolge sehr aktiver Züchterzusammenschlüsse auf dem offiziellen Fleischmarkt mit zumeist mittelständischen Strukturen sowie vermehrte Nachfrage durch die sogenannte Edelgastronomie bescheren der Galloway-Zucht im Moment neue Impulse, sodaß es nur eine Frage der Zeit sein kann, bis der Zuchtviehmarkt gesunden wird und muß.

Zwei Gründe sind es neben der einfachen Beschäftigung aus Freude an der schönsten Kuh der Welt, die in Deutschland die positive Entwicklung der Galloway-Zucht eigentlich ausmachen. Die herausragenden Qualitäten dieser sehr alten aber dennoch höchst modernen Rinderrasse als Landschaftspfleger und als hochqualitatives und wohlschmeckendes Gesundheitsfleisch sind in der Fachwelt längst unumstritten und anerkannt. Hier erbringen die Galloways Leistungen, die von keiner anderen Rasse in diesem Umfang erbracht werden können. Dem Züchter und Halter bleibt als einzige Verpflichtung hierfür, Galloways auch Galloways bleiben zu lassen, wie unsere schottischen Kollegen es seit fast zweitausend Jahren tun.

Die moderne Agrarwirtschaft mit ihren höchst effektiven Anbaumethoden und Massentierhaltungen und auferlegten Mengenbegrenzungen einerseits, sowie die in der Folge freiwerdenden weil nicht mehr benötigten Kulturflächen andererseits fordern Maßnahmen zur Erhaltung dieser Flächen nicht als verbuschenden und verwildernden Brachacker ähnlich einer Trümmerlandschaft, sondern als gesunde umweltfreundliche Kulturflächen mit Ausstrahlung auf den harmoniesuchenden Bürger. Der Mensch steht diesen Methoden zunehmend ablehnend gegenüber. Mittlerweile gibt es quer durch die Republik größere und kleinere Projekte zur Landschaftspflege, zur Erhaltung oder gar Rekultivierung mit Galloways, alte schon seit Jahren eingefahrene sowie beinahe täglich neue. Es ist sogar schon beschreibende Literatur mit konkreten Ergebnissen aus mehrjährigen Untersuchungen und Kartierungen zu einzelnen Projekten verfügbar. Das Deutsche Galloway-Journal, das Jahrbuch des Bundesverbandes, hat wiederholt ausführliche Berichte zu solchen Initiativen veröffentlicht und wird es auch zukünftig tun.

Galloways sind aufgrund ihrer uralten nahezu unverfälschten Genetik in der Lage, wie ihre Urahnen das zu fressen und in Fleisch umzusetzen, was übrig ist. Das heißt nicht, daß sie frisches zartes Gras für Disteln und Binsen stehen lassen. Galloways sind verfressen und lieben Leckereien, auf der anderen Seite fressen sie aber auch Kräuter, Gräser, Binsen und Busch, vor denen die anderen Rassen verhungern würden. Diese Fressgewohnheiten geben jahrzehntelang überwucherten Pflanzen die Chance zur Rückkehr an Licht, Luft und Sonne. Gerade die deutschen Orchideen beispielsweise danken es gelegentlich durch wucherndes Wachstum, denn ihre Bitterstoffe vergraulen den Galloways den Verbiss. Daß über diese Pflanzenrückkehr auch Insekten, Lurche und Vögel wiederkehren, sollte einleuchtend sein und ist verbürgt.

Seit mehr als zweihundert Jahren ist das Galloway-Fleisch schon als besonders zart, schmackhaft und besonders gesund bekannt. Die besonderen Lebensgewohnheiten und das vielfältige Futter im Gegensatz zu dem eintönigen von Masttieren sollten für die gravierenden Unterschiede im Fleisch ausreichendes Argument sein. Ärzte aus Amerika schreiben schon zu Beginn des zwanzigsten Jahrhunderts über den hohen Eisengehalt des Fleisches und die großartige Wirkung bei regelmäßigem Verzehr bei Eisenmangel-Patienten. Neuere Untersuchungen unter anderem auch in Deutschland, bei uns mußte wieder einmal das Rad neu erfunden werden, nennen den zwar im Jahreszyklus natürlich schwankenden aber ganzjährig hohen Gehalt an Omega-3-Fettsäuren und deren humanmedizinisch besonders günstiges Verhältnis zueinander. Die Omega-3 Fettsäuren gelten nach neuesten medizinischen Erkenntnissen als wichtiger Baustein für die Stärkung des Immunsystems allgemein und als sehr hilfreich bei der Bekämpfung bestimmter Krebsleiden sowie Gefäßkrankheiten. In der Schweiz wird seit mehreren Jahren in Kliniken die Wirkung von Galloway-Fleisch auf entsprechende Patienten untersucht. Ernährungswissenschaftler haben errechnet, daß etwa 100 Gramm Galloway-Fleisch täglich schon 20% des Bedarfs an Omega-3-Fettsäuren decken. Über die geschmacklichen Qualitäten des Fleisches muß gewiß nicht mehr referiert werden.

„Queen-F1", ein schickes Rind von eineinhalb Jahren

Das Zuchtgeschehen heute.

Im Jahr 2000 hat sich die Galloway-Zucht in Deutschland weitgehend vom BSE-Schock erholt und was Tierzahlen und Betriebe anbelangt stabilisiert. Im Moment scheint es sogar wieder einen leichten Aufwärtstrend zu geben, denn es mehren sich die Anfragen und reges Interesse sogar von Landwirten. 1999 wurden in Deutschland noch 1500 organisierte Betriebe gezählt, 1223 Herdbuchzucht und 277 sogenannte Haltungsbetriebe mit Vermehrungszucht.

Es hat sich die Spreu vom Weizen getrennt, und die verbliebene deutsche Züchterschaft hat international den Ruf, enthusiastisch und kompetent zu sein. Schon anläßlich des Weltkongresses der Galloway-Züchter in Alsfeld 1998 vermerkte der Vorsitzende der Galloway-Cattle-Society, Mister Alastair Gourley, daß er die deutsche Galloway-Zucht um die vielen begeisterten jungen Züchter und Züchterinnen beneide, denn in Schottland liege die Galloway-Zucht zumeist in den Händen alter Männer und die jungen Leute wandern ab.

In kaum einen anderen Land gibt es tatsächlich derart viele begeisterte und entschiedene Liebhaber und Züchter der Galloways und all ihrer verschiedenen Farbschläge, und sie finden immer mehr Anerkennung diesseits wie jenseits der Grenzen und Unterstützung in ihren Bemühungen. Es ist bezeichnend, daß allein in Niedersachsen in den letzten Jahren vier Galloway-Züchter mit dem Staatsehrenpreis der Landesregierung ausgezeichnet worden sind. Zwei von ihnen kommen ureigentlich nicht aus der Landwirtschaft.

Heute gibt es in Deutschland mehr Rigget-Galloways als in anderen Ländern und mehr rote Galloways als in Schottland. Wer da die Frage aufwerfen mag, wozu das gut sein soll, der kann auch fragen, warum Galloway-Zucht in Deutschland. Vielleicht hat derjenige die Zeichen der Zeit nicht erkannt - schade!

Es gibt erste Anzeichen dafür, daß Deutschland aufgrund seines Umfanges in der Galloway-Zucht und wegen der Qualität auch zum Exportland werden kann. Es sind in der jüngsten Vergangenheit deutsche Galloways in folgende Länder exportiert worden. Ungarn, Tschechien, Österreich, Schweiz, Frankreich, Belgien, Italien, Portugal, Niederlande, Dänemark, Norwegen und Irland. Die nach Irland exportierten Galloways waren die ersten Tiere aus deutscher Zucht, die in das Herdbuch der schottischen Galloway-Cattle-Society als zuständiger Herdbuchgesellschaft aufgenommen worden sind. Die größten Kontingente sind dem Vernehmen nach in die Schweiz und nach Italien ausgeführt worden. Auch hierzu sei wieder ein Zitat eines bekannten schottischen Züchters bemüht, welches er anläßlich des Besuches deutscher Kollegen in Schottland machte: „Ihr deutschen Züchter fragt zu viel und lernt zu schnell, da müssen wir gut aufpassen!"

Entwicklung des Galloway-Bestandes in Deutschland

Erst ab 1984 wurde der Galloway-Bestand in Deutschland von der ADR / Arbeitsgemeinschaft Deutscher Rinderzüchter und dem BDF/ Bund Deutscher Fleischrinderzüchter erfasst und veröffentlicht. Die Zahlen nennen nur die aktiven Herdbuchtiere, das heißt nur die Bullen im Deckeinsatz laut Deckregister und nur die Kühe, die innerhalb der letzten 365 Tage ein Kalb geboren haben. Wenn man die eingetragenen Jungtiere und über die Zeit gehenden Kühe berücksichtigt, kann man für die echten Tierzahlen im Herdbuch den Faktor 2,5 ansetzen.

Jahr	HB-Bullen	HB-Kühe	Total
1984	59	280	339
1985	111	521	632
1986	159	699	858
1987	208	1191	1299
1988	328	1727	2055
1989	465	2160	2625
1990	541	2834	3375
1991	843	4079	4922
1992	1099	5619	6718
1993	1351	6918	8269
1994	1439	8388	9827
1995	1414	9056	10470
1996	1420	9653	11073
1997	1327	9513	10840
1998	1241	9566	10807
1999	1052	8820	9872

Quelle: BDF-Jahresberichte

Die Zahlen scheinen für Deutschland eine insgesamt rückläufige Tendenz in der Galloway-Zucht anzuzeigen. Das Gegenteil ist der Fall, nur werden zur Zeit mehr Tiere nicht mehr im Herdbuch registriert als es in der Vergangenheit der Fall war. Damit fällt ein Teil aus der Statistik heraus. Ganz langsam scheint sich bei der Rasse Galloway eine Anpassung an das normale Tierzuchtgeschehen durchzusetzen. Der Normalfall für die Rinderrassen sind etwa 10% Anteil Herdbuchtiere an der Gesamtpopulation. Der Gesamtmutterkuhbestand in der Bundesrepublik Deutschland betrug laut BDF 777000 und davon waren 71930 Herdbuchtiere (Mai-Zählung 1999).

Struktur der Betriebe in den Landesverbänden.

Verband	Herdbuch	Haltung	Insgesamt	HB-Bullen	HB-Kühe	Insgesamt
ZEH	318	144	462	221	1918	2139
FHB	214	0	214	164	2111	1375
ZBH	125	66	191	129	918	1375
FRZ	168	11	179	170	1178	1348
FVB	156	14	170	145	1162	1307
RZV	70	21	91	62	541	603
SRV	54	0	54	39	409	448
FRV	48	0	48	56	342	398
RSH	21	7	28	21	469	490
RBB	16	10	26	16	211	227
LTR	19	0	19	14	198	212
RMV	7	0	7	6	159	165
RSA	7	4	11	9	104	113

Quelle: Jahresbericht BDF.

Ein Star unter den „Craigmuie-Kühen" aus einer ganz alten Kuh-Familie

Rassebeschreibung „Gallowayrinder"

Vorspann:

Galloways sind eine dominant hornlose Fleischrinderrasse aus dem Südwesten Schottlands. Sie sind friedfertig, genügsam und widerstandsfähig und bringen bei naturnaher Haltung eine ausreichende Fleischleistung von hervorragender Qualität. Galloways sind langlebig, fruchtbar und leichtkalbig, wobei ihre Kälber leicht und von großer Vitalität sind.

1. Äußeres Erscheinungsbild:

Rahmen:
- klein- bis mittelrahmig innerhalb der Rinderpopulation

Farbschläge:
Galloways aller Farbschläge bilden eine Rasse. Zur Zeit sind vier Farbschläge mit je drei Pigmentierungen bekannt:
- Einfarbig
- White
- Belted
- Rigged

Die Farbschläge gibt es in den Pigmentierungen black, dun und red. Der BDG empfiehlt seinen Mitgliedem, die vier Farbschläge rein zu züchten.

Fell:
- dichtes, mittelfeines Unterhaar
- längeres, gewelltes Oberhaar,

Widerristhöhe:
- mittelrahmige Kuh ausgewachsen um 120 cm
- mittelrahmiger Bulle ausgewachsen um 128 cm Gewicht:

Gewicht:
- Kuh ausgewachsen um 550 kg
- Bulle ausgewachsen um 800 kg

Kopf:
- kurz und breit
- unbedingt hornlos, auch keine Hornansätze
- Ohren mittellang, breit, leicht nach vorn aufwärtsstehend mit starkem Behang
- Augen groß und ausdrucksstark
- Maul breit

Körper.
- durchgehend tiefer, kompakter, symmetrischer Rumpf
- volle tiefe Brust, bei Kühen mit ausgeprägter Wamme
- geschlossene, vollfleischige Schulter
- lange Rippe mit gutem Körperansatz
- gerader Rücken, gerade Lenden
- keine exponierten Hüfthöcker
- weibliche Tiere dürfen eine leicht erhöhte Schwanzwurzel haben
- vollfleischige, nicht zu rund ausgeprägte Keulen
- tiefreichender Muskelansatz
- tiefe, volle Flanken
- kleinknochiges Skelett
- fest ansitzendes, behaartes Euter

Extremitäten:
- gut gewinkelt
- trocken und fest
- breite, feste Klauen (keine Spreizklaue)
- nicht zu fein

2. Eigenschaften, Leistungsmerkmale
- genügsam
- widerstandsfähig
- langlebig
- fruchtbar
- leichtkalbig (ohne Geburtshilfe)
- dominant hornlos
- friedfertig
- starke Herdenbindung
- ausgeprägte Naturinstinkte
- gute Muttereigenschaften
- spätreife Rasse bezüglich der körperlichen Entwicklung (Zuchtreife) (jedoch Geschlechtsreife ab ca. 6 Monaten) Erstbelegung in der Regel nicht vor 24 Monaten
- Fruchtbarkeitsleistung 1 Kalb pro Jahr

Verabschiedet am 21. Jan. 1995 anläßlich BDG - Vorstandssitzung
Überarbeitet von der AG Farben am 19.08.2000

Anlage zur Rassebeschreibung „Gallowayrinder"

Anforderungen an Zuchtbuchführung, Zuchtbescheinigungen und Zuchtprogramme

- Nennung des Farbschlages bei allen Generationen in den Zuchtbescheinigungen
- Berücksichtigung der Eindeutigkeit des Farbschlages in den Zuchtbüchern
- Minderwertigen Tieren ist der Aufstieg in das Haupherdbuch „A" zu verwehren
- Rassetypische Tiere mit unbekannter Abstammung und Kreuzungen werden nur nach vorheriger Beurteilung von Typ, Bemuskelung und Skelett ins Herdbuch „D" aufgenommen.
- Aus Zuchtbescheinigungen sollten mindestens 3 Generationen mit Ursprung erkennbar sein
- Auch bei Importtieren muß in jedem Fall der Züchter mit Anschrift in den Zuchtpapieren und Zuchtbüchern geführt werden
- Bei den Landesverbänden sollte die Möglichkeit der Registrierung eines Herdennamens eingerichtet werden
- Für jedes Zuchttier kann eine Bluttypenkarte beim Landesverband vorgelegt und registriert werden
- Körung von Bullen sollte frühestens mit 18 Monaten erfolgen
- Die Beurteilung von Gallowayrindem sollte zukünftig bundesweit an den Einzelmerkmalen der Tiere nach einheitlichen Bewertungskriterien erfolgen
- Es scheint notwendig, rechtliche Möglichkeiten zu schaffen, nicht zuchtfähige Tiere aus dem Herdbuch herauszunehmen. Dies gilt insbesondere für schwere körperliche Mängel und Erbfehler.

Verabschiedet am 21. Jan. 1995 anläßlich BDG - Vorstandssitzung

Erfahrungswerte aus dem Zuchtgeschehen

Die Zuchtreife

Es wird gesagt, daß die Rasse Galloway spätreif ist und das gilt unbedingt, auch wenn schon ein halbjähriges Kuhkalb von seinen Halbbrüdern gedeckt werden könnte, wie gelegentlich geschehen. Mit spätreif ist die Zuchtreife gemeint, denn das weibliche Jungtier soll soweit ausgewachsen sein, daß es in der Lage ist, ein Kalb ordentlich auszutragen, gesund zur Welt zu bringen und mit genügend Milch zu versorgen und gleichzeitig nicht an der eigenen Weiterentwicklung zu verlieren. Sollte aus Versehen eine zu frühe Trächtigkeit eintreten, kann der Tierarzt diese bis zum dritten Monat hormonell abbrechen.

Die Erstbelegung eines Jungrindes mit den empfohlenen 24 Monaten ist ein grober Richtwert, der erst in Relation mit dem Gewicht und der Entwicklung als Richtschnur zu sehen ist. Die Bandbreite in der deutschen Praxis sieht in etwa so aus, daß das optimale Entwicklungsgewicht von etwa 450 Kp ab dem 22. Monat bis zum 30. Monat erreicht werden kann. Bei kanadischer Blutführung wird das sogar früher erreicht. Das Gewicht und damit die Entwicklung sollte das Maß aller Dinge sein und nicht das Alter.

Zu früh belegte Färsen haben später oftmals Entwicklungsdefizite und zu wenig Milch für die sowieso schon schwächeren Kälber. Ausnahmen bestätigen die Regel. Bei den Galloways ist die Entwicklung bei weiblichen Tieren mit etwa fünf Jahren und bei Bullen mit etwa sechs Jahren abgeschlossen. Das heißt nicht etwa, daß sie bis dahin endlos weiter wachsen, sondern daß sie nach Erreichen der Größe einfach kompakter werden. In Schottland gibt es durchaus häufig Kühe auf den Weiden, die im Alter von sechzehn Jahren ihr dreizehntes Kalb führen und nicht selten auch noch ältere. Die absolute Königin war eine Kuh von einundzwanzig Jahren mit dem achtzehnten Kalb bei Fuß. Solch biblisches Alter erreicht man bei seinen Tieren nur, wenn man sich an die Regeln hält, nicht zu früh belegen läßt und nicht häufiger die Zwischenkalbezeit von etwa 365 Tagen unterschreitet.

Die Tragezeit

Fachbücher zur Rinderzucht geben für Fleischrinder / Mutterkühe eine etwas längere Tragezeit als für Milchrinder an und zwar eine mittlere Tragezeit von 288 und Grenzwerte von 273 bis zu 304 Tagen. Kritisch ist eine Tragezeit von mehr als 293 Tagen aus zweierlei Gründen, nämlich einmal wegen zu hoher Geburtsgewichte und damit eventuell verbundenen Kalbeproblemen und zum anderen wegen der Pflicht, die Abstammung des Kalbes ab dieser Tragezeit über Bluttypenkarte beweisen zu müssen.

Die mittleren Werte für die Tragezeit der Galloways liegen bei 285 Tagen und eher leicht darunter. Die längste Tragezeit in meinem Betrieb betrug genau 293 Tage und das Bullkalb mit einem Geburtsgewicht von 52 Kp aus einer Erstkalbin mußte per Kaiserschnitt zur Welt gebracht werden. Beide haben den Eingriff seinerzeit gut überstanden. Von den Ängsten, dem Streß und der zusätzlichen Arbeit des Züchters wollen wir hier nicht reden.

Kälbergewichte

Die mittleren Gewichte für die Galloway-Kälber werden in Deutschland wie Schottland mit 27 Kp für die weiblichen und 30 Kp für die männlichen Kälber angegeben. In beiden Ländern werden durch zu gute oder verbesserte Futtergrundlage heute etwas schwerere Kälber beinahe üblich. Anlass zur Freude ist das nicht, denn je größer und schwerer die Kälber werden, desto größer ist das Risiko von Kalbeproblemen. Dabei sind die schleichenden und nicht sichtbaren Schädigungen des Kalbes später allenfalls durch mangelnde Vitalität und geringere Zunahmen erkennbar, erst wenn es eigentlich zu spät ist. Kälber mit Geburtsgewichten unter den Mittelwerten sind auf jeden Fall die glücklichere Alternative, da weder sie noch die Mutter bei der Geburt Probleme haben. Die Kuh-Kalb-Bindung und die Vitalität der Kälber sind erheblich besser und letztere überholen ihre Halbgeschwister in der Regel an Gewicht und Entwicklung.

Das Absetzen der Kälber

In Deutschland ist die Bandbreite für das Absetzen der Kälber von sechs Monaten bis zu elf Monaten, als normal und international anerkannt ist von acht bis zehn Monaten die Regel. Eine normal entwickelte Galloway-Kuh hat für gut zehn Monate genügend Milch für ihr Kalb und eine bessere Basis für die Entwicklung gibt es nicht. Aus diesem Grunde ist es schwer einsehbar, wenn hier und da wesentlich früher abgesetzt wird. Die Milch produzierende Kuh muß medikamentös trocken gestellt werden und steht ein halbes Jahr nutzlos und fettwerdend auf der Weide, während dem zu früh abgesetzten Kalb die fehlende Muttermilch durch Kraftfuttergaben ersetzt werden muß. Das ist biologisch unsinnig und darüber hinaus auch unökonomisch.

Man sollte die Kälber so lange trinken lassen, wie die Mutter es zuläßt, oder bis die Zeit von zwei Monaten vor der nächsten Kalbung erreicht worden ist. Die Kuh sollte zwei Monate trocken stehen, um für das kommende Kalb die Kolostralmilch bilden zu können. Es kommt gelegentlich vor, daß eine Kuh ihr Kalb nicht absetzt, dann muß der Züchter das übernehmen. Das Jährlingskalb würde sonst dem jüngeren Geschwister die Milch wegtrinken oder es sogar am Trinken hindern.

Die Widerristhöhe

Die für die Galloways angegebenen Gewichte wurden schon angesprochen und haben heute eine große Bandbreite. Auch die in der Fachliteratur aufgelisteten Angaben zur Widerristhöhe entsprechen heute nicht mehr unbedingt der Realität. Für Kühe werden 120 cm angegeben und für Bullen 128. Nicht nur durch kanadische Blutführung, sondern auch wiederum in Verbindung mit der besseren Futtergrundlage liegen die Werte heute fast ausnahmslos darüber. Auf der letzten Bundes-Galloway-Schau im Mai 2000 lagen über 90% der Tiere über den alten Standardwerten. Der Bundesverband hat schon vor längerer Zeit folgende Werte erarbeitet, die auch in der Praxis anerkannt sind. Kleine Galloways, Kühe 110 - 116 cm, Bullen 120 -125 cm. Galloways im mittleren Rahmen, Kühe 117- 124 cm, Bullen 126 - 130 cm. Große Galloways, Kühe 125 - 130 cm, Bullen 131 - 135 cm.

Auch soetwas gibt es - ein zwei Jahre alter Hungerleider - Ein Bild des Jammers!

Galloway-Zucht und Haltung

Ordnungsgemäßer Umgang mit Galloways

Der Titel mag verwirrend scheinen, soll jedoch auf die gesamte Palette der Möglichkeiten des Falsch- oder Richtighandelns hinweisen. Sie können entweder im persönlichen individuellen Umfeld begründet, oder aus den vielen Vorgaben durch Gesetze, Verordnungen oder Vorschriften abzuleiten sein. Es mußte in der Vergangenheit immer wieder festgestellt werden, daß nicht jeder Erwerber von Galloways, von Nutz- oder Großvieh nach dem Gesetz, bei aller Euphorie und trotz besten Willens sich darüber klar war, was er sich, seiner Familie und in letzter Konsequenz dem Tier als schwächstem Glied in der Kette alles antun konnte.

Dieses Kapitel soll dem zukünftigen Halter und Züchter als Hobby ausübenden Laien oder als Profi anregen, sich vor dem Erwerb von Galloways gründlichst vorzubereiten und in der Folge den Möglichkeiten seiner Familie entsprechend zu handeln. Letztlich geht es doch einzig darum, Konflikte zu vermeiden und sich und seiner Familie die Freude an diesen liebenswerten Geschöpfen zu bewahren und den gewünschten züchterischen oder wirtschaftlichen Erfolg im Einklang mit der Gesetzgebung und dem sichtbaren Wohlbefinden seiner Galloways zu erzielen. Natürlich kann hier nur ein kurzer Anriss geboten werden und Hinweise auf die einzelnen Gesetze und Grundforderungen, das Umsetzen muß der zukünftige Züchter selbst bewerkstelligen.

Es besteht eine Flut von Gesetzen, Verordnungen und Vorschriften, die direkt oder mittelbar unsere Galloway-Haltung beeinflussen. Da sie gelegentlich den sich ändernden Bedingungen angepasst werden, von den einzelnen Bundesländern, Regierungsbezirken, ja sogar den Landkreisen unterschiedlich ausgelegt und teilweise eingeengt werden, können hier nur generelle Hinweise gegeben werden. Jeder Tierhalter ist aufgerufen, sich vor dem Erwerb von Nutz- und Großvieh wie den Galloways bei der für seinen Wohnsitz oder Betriebsort zuständigen Landwirtschaftskammer und den Veterinärämtern darüber zu informieren, welche Auflagen er zu erfüllen hat. Es hat sich als sehr hilfreich erwiesen, vorher mit den verantwortlichen Stellen zu reden. So konnten einerseits Fehler schon im Ansatz vermieden werden und es wurde andererseits gegenseitiges Vertrauen aufgebaut.

Die Gesetze und Verordnungen

Das heute wohl wichtigste Gesetz für den Tierhalter in Deutschland ist die neue Viehverkehrsverordnung (VVO) in der Fassung vom 14. Mai 1998. Mit fließenden Grenzen unterliegt sie den Kontrollen durch die Landwirtschaftskammern, die Ämter für Agrarstruktur sowie die Veterinärämter. Die VVO regelt den gesamten Viehverkehr von der Geburt bis zum Tode eines Tieres, die Kennzeichnung und Registrierung, die Bestandsauflistung, die Vermarktung und den Transport, sowie die Forderungen hinsichtlich der Tierseuchengesetzgebung, Hygiene beim Verbringen eines oder mehrerer Tiere zwecks Besitzerwechsels, zu Schauen, Auktionen oder zur Schlachtung.

Die VVO sagt in Abschnitt 10b, § 24 b: Wer Rinder und....zum Zwecke der Zucht oder tierischen Produktion halten will, hat seinen Betrieb spätestens bei Beginn der zuständigen Behörde unter Angabe der Zahl, der Nutzungsart und des Standortes anzuzeigen. Änderungen sind unverzüglich zu melden.

Neu ist in diesem Zusammenhang mit Wirkung vom 30. September 1999 das Herkunftssicherungs- und Informationssystem für Rinder zur Kennzeichnung und Registrierung. Es wurde durch die EG-Verordnung Nr. 820/97 auf den Weg gebracht. Hier ist bis in das Detail festgelegt, wie und wann Rinder zu kennzeichnen sind, wann, wie und wohin die Kennzeichnung zu melden ist und welche Bewegungen des einzelnen Tieres anzuzeigen sind. Es läßt sich sicherlich darüber streiten, ob das alles so detailliert notwendig ist, ernst zu nehmen sind die angedrohten Repressalien bei festgestellten Zuwiderhandlungen.

Das Tierseuchengesetz macht klare Aussagen über als Tierseuchen bezeichnete Erkrankungen der Nutztiere, die Meldepflichten und Behandlung, die unterschiedlichen Maßnahmen zur Verhütung von Ansteckung und Verbreitung, die Behandlung und Lagerung von Kadavern, die Entschädigung durch die Tierseuchenkassen. Darüber hinaus werden die Präventivmaßnahmen und ihre Zeitintervalle gegen die unterschiedlichen tierseuchenähnlichen Erkrankungen vorgeschrieben sowie die Anzeigepflicht bei Verbringung von Tieren aus dem Bestand heraus und in diesen hinein. Jede Art von Nutztierhaltung ist mit Tierart, Zahlen und Haltungsort auch der Tierseuchenkasse zu melden.

Das Tierschutzgesetz sowie das Tiertransportgesetz schreiben exakt vor, wie Nutzvieh zu halten, zu pflegen und zu behandeln und insbesondere auch wie beim Transport zu verfahren ist. Sie schreiben vor, welche Anzeigen zu machen, welche Erlaubnisse einzuholen sind. Verantwortlich für die Überwachung sind die Veterinärämter, für Kontrollen auch die Polizei. Gerade auch auf dem Gebiet der Transporte hat es jüngst umfangreiche Änderungen und Einschnitte durch Verschärfung der Auflagen gegeben. Diese haben wiederum regional unterschiedliche Auslegung erfahren, was teilweise erhebliche Verunsicherung zur Folge hatte.

Für uns Halter und Züchter, soweit wir nicht gewerblich arbeiten, ist zu wissen wichtig, daß bis zu 50 km nichtgewerblichen Transports wir von den meisten Auflagen befreit sind, bei jedoch mehr als 50 km Fahrt dem gewerblichen Viehtransport fast gleichgestellt werden. Besonders die Forderung nach dem Sachkundenachweis Tiertransport bereitet sehr viel Ärger, da sie teilweise gefordert, teils nicht verlangt wird. Es ist in jedem Fall billiger, den Nachweisschein beim zuständigen Veterinäramt zu erwerben, als im Nachbarbezirk ein Bußgeld entrichten zu müssen. Mir persönlich wäre in den Niederlanden die Weiterfahrt verweigert worden, hätte ich den Nachweis nicht vorlegen können.

Die Unfallverhütungsvorschriften, seit dem 1. Januar 1981 als Nachfolgewerk der Reichsversicherungsordnung in Kraft, schreibt genau vor:
VSG 4.1   Tierhaltung, Umgang mit Tieren, Führen von Tieren, Umgang mit Bullen und Ochsen, Nasenringe. Es werden keine Unterschiede zwischen aggressiven und zahmen Tieren gemacht.
VSG 1.4   Elektroanlagen.
VSG 2.1   Bauliche Anlagen, hier Türen und Tore.

In der neuesten Ausgabe, Stand 1. Januar 2000, wird leider auf Zaun und Elektrozaun nicht mehr eingegangen. Nach Aussagen dürfte allenfalls noch angemerkt werden, wie Zäune nicht auszusehen haben.

Es gibt noch einige weitere Kapitel, die indirekt Einfluss auf unsere Gallowayhaltung haben können, wie beispielsweise Kinderarbeit. Die Landwirtschaftlichen Berufsgenossenschaften sind verantwortlich für die Überprüfung des Einhaltens der Vorschriften und kommen diesem Auftrag durch Betriebskontrollen, Beratung, Gutachten bei Schadensfällen und Unfalluntersuchungen sowie Präventivmaßnahmen nach.

Das Tierzuchtgesetz vom Dezember 1989 regelt die Verantwortung von Bund und Ländern sowie die Genehmigung von Zuchtorganisationen, Verbänden, Besamungs- und Embryotransfereinrichtungen sowie Erlaubnissen.

§ 1 nennt den Anwendungsbereich und Zweck des Gesetzes: (1) Dieses Gesetz gilt für die Zucht von Rindern......(2) Zweck dieses Gesetzes ist es, im züchterischen Bereich die Erzeugung der in Absatz 1 genannten Tiere, auch durch die Bereitstellung öffentlicher Mittel so zu fördern, daß
1. Die Leistungsfähigkeit der Tiere unter Berücksichtigung der Vitalität erhalten und verbessert wird.
2. Die Wirtschaftlichkeit, insbesondere die Wettbewerbsfähigkeit verbessert wird.
3. Die von den Tieren gewonnenen Erzeugnisse den an sie gestellten qualitativen Anforderungen entsprechen.
4. Eine genetische Vielfalt erhalten wird.

§ 2 enthält die Begriffsbestimmungen zum Zuchttier, Zuchtwert, Leistungsprüfung, Zuchtorganisation, Züchtervereinigung, Zuchtbuch, Zuchtregister, Zuchtbescheinigung. Das Tierzuchtgesetz gibt uns Galloway-Haltern, egal ob Zuchtvieh oder Fleisch produzierend genau vor, wie bei der Zucht zu verfahren ist und welche Pflichten wir gegenüber den für die Aufsicht zuständigen Behörden und Organisationen zu erfüllen haben. Beispielsweise, um bei den Galloways zu bleiben, es ist verboten, mit einem Bullen zu züchten, der keinen Abstammungsnachweis hat, der nicht wenigstens im Herdbuch unter B eingetragen ist.

Das Gesetz zur Reform der agrarsozialen Sicherung 1995 (ASRG 1995) sagt gegenüber den Vorgängern neu aus, daß jeder Bewirtschafter von Flächen über 4 Hektar Größe, egal ob Eigentum oder gepachtet, ohne Berücksichtigung der Ausbildung oder Befähigung als Landwirt zu betrachten ist. Hier geht es zunächst einmal um die Pflichten der Altersvorsorge und Krankenkasse für den Landwirt und seine Ehefrau, aber nicht unwichtig für den Individualfall um die Privilegien des Landwirtes gegenüber dem Normalbürger. Besonders das Bauen im Außenbereich hängt davon ab, ob man Landwirt ist oder nicht, auch wenn noch weitere Bedingungen für die Erlaubnis gefordert sind. Da ist beispielsweise der Nachweis gefordert, wirklich auch als Landwirt mit der Absicht auf Gewinnzielung und Zugewinn zu arbeiten.

Das persönliche Umfeld

Von großer Bedeutung ist für den Plan, Groß- und Nutzvieh wie Galloways zu halten oder zu züchten das individuelle persönliche Umfeld. Jede Form von Tierhaltung kann immer nur eine Kompromisslösung sein zwischen den Möglichkeiten des

Züchters und den Forderungen der Tiere an ihn. Nur wenn das Verhältnis von Nehmen und Geben in der Waage ist, kann man davon ausgehen, daß die gegenseitigen Abhängigkeiten in Einklang sind und daß man dauerhaft Freude und Erfolg haben wird.

Groß- und Nutzviehhaltung, auch die von den pflegeleichten Galloways, ist kostenträchtig und zeitaufwendig. Das sollte man sich auf jeden Fall vor Anschaffung des ersten Tieres klar machen und nicht erst feststellen, wenn es für den Familienfrieden, das Bankkonto und die von uns abhängigen Tiere zu spät ist. Die zur Verfügung stehende Futterfläche, die trittfeste und trockene Winterweide und die Lagerungsmöglichkeit für das Winterfutter sollten den Tierbestand begrenzen und nicht etwa der Inhalt der Brieftasche, will man die sonst vorprogrammierte Katastrophe vermeiden.

Die Größe und die Parzellierung der zur Verfügung stehenden Flächen und die räumliche Distanz zueinander sollten erster Maßstab für das Herdenmanagement sein hinsichtlich Tierzahl, Aufteilung nach Geschlechtern, Halten von Absetzern und Bullen- oder Ochsenaufzucht. Die Erfahrung hat gelehrt, daß man sehr schnell mehr Tiere hat als man eigentlich haben wollte.

Galloways sind wirklich anders als die anderen Rinderrassen und das nicht nur äußerlich. Sie sind vom Temperament ruhig und ausgeglichen im Charakter, im Grunde friedlich und gutartig und sie können durch häufigen Kontakt mit dem Pfleger ein sehr persönliches Verhältnis zu ihm bekommen. Es sind immer Tiere dabei, die ihre Streicheleinheiten sogar fordern, und das ist eine sehr schöne Sache. Wichtig ist grundsätzlich nur, daß der Pfleger Herr auf der Weide ist, und das immer! Je häufiger und intensiver der Kontakt ist, desto weniger bereiten anstehende Veterinärkontrollen oder tierärztliche Manipulationen schlaflose Nächte und Schwierigkeiten. Gute Vorbereitung ohne Angst und Hektik oder Nervosität des Pflegers sind der Garant für den Erfolg.

Beginnen Sie die Vorbereitungen wenn irgend möglich schon Tage vorher durch Locken, Ansprache und erste Hantierungen, damit auch die Tiere keine Angst aufbauen. Die ruhige und möglichst stets gleiche Ansprache der Tiere bei jedem Kontakt ist das wichtigste Führungsinstrument. Tierärzten, Veterinären oder eventuell Klauenbeschneidern oder Besamungstechnikern sind die Tiere so zu präsentieren, daß auch die keine Angst zeigen oder Nervosität. Diese würde sich nämlich sofort auf die Tiere übertragen und jede vernünftige Arbeit verhindern.

Die Angst des Pflegers ist auslösendes Moment für die meisten Zwischenfälle mit Rindern. Die Tiere riechen und spüren die Angst des Pflegers, können sie aber im Gegensatz zum Menschen nicht assoziativ zuordnen. Auf das Herdentier Rind überträgt sich die Angst des „Leittieres" und es kommt zu Panikreaktionen, die wiederum wir dann als Aggression ansehen. Niemals Angst zeigen ist die Devise, sondern ruhig und beherzt auf das Tier eingehen und es ansprechen wie immer. Wenn man beispielsweise aus angeblich sicherer Entfernung vornübergebeugt ein Galloway anfasst, wird man schon mal getreten, wenn man direkt im Körperkontakt zum Tier steht selten oder nie.

Feste oder mobile Fanganlagen, sogenannte Fang- oder Treibewagen, Zwangsgitter sind wertvolle Hilfsmittel. Wenn die Galloways sie erst einmal kennen und mit ihnen keine negativen Erfahrungen assoziieren, kann man in Verbindung mit Leckereien darüber alle Arbeiten am Tier bewerkstelligen. Bei dem Bau solcher Anlagen ist Phantasie gefragt und natürlich als oberstes Gebot Stabilität gefordert. Galloways sind keine Pudel, auch wenn sie manchmal so ähnlich aussehen mögen. Grenzen sind beim Bau letztlich durch das Bankkonto gesetzt.

Schutz gegen Sonne pur und extreme Wetterunbilden im Winter, dauerhafte Nässe bei niedrigen Temperaturen und Stürme bei Minusgraden, sind immens wichtig. Hier gibt es die unterschiedlichsten Lösungen, teilweise sogar sehr einfache, die jedoch vom Verhältnis zum Nachbarn, zum Veterinäramt, zu den Natur- und Tierschützern abhängen sowie von unserer Argumentationsfähigkeit. Sie sollten auf jeden Fall abgesprochen sein, um Ärger zu vermeiden. Immer wieder für Schlagzeilen sorgen beispielsweise völlig zertretene weil zu nasse Winterweiden, in Matsch und Dung versinkende Futterplätze und leider auch Tiere vor leeren Futterraufen oder zugefrorenen Tränken.

Galloways sind robust und pflegeleicht, sie können alles alleine und werden niemals krank, heißt es oft. Das stimmt tatsächlich fast wörtlich, nur ein gewissenhafter Tierzüchter sollte das niemals wörtlich nehmen. Beispielsweise sollten Kalbinnen grundsätzlich beobachtet und kontrolliert werden. Auch das gesündeste Lebewesen kann durch Falschlagen oder ähnliches in Bedrängnis kommen. Dann ist schnelle und professionelle Hilfe gefordert. Eine Kalbinnenweide muß besonders gut gesichert sein, überschaubar und ohne Gefahrenquellen für das Kalb wie beispielsweise Gräben oder Tümpel sowie Schlupflöcher in der Umzäunung. Kälber lieben es, sich wie Wild an der Peripherie der Weide zu verstecken und können bei Nichbeachten dieser Grundsätze sehr leicht zu Schaden kommen.

Je besser der Pfleger durch regelmäßigen Kontakt seine Herde kennt, desto eher erkennt er Veränderungen im Verhalten eines oder mehrerer Tiere als ersten Indikator für Unpässlichkeiten oder gar Erkrankungen. Nur dann kann er rechtzeitig und richtig reagieren. Je genauer er sich an die gesetzlichen Vorgaben hält, desto weniger läuft er Gefahr, mit den zuständigen Behörden in Konflikt zu geraten. Es hat sich gezeigt, daß ein gutes Vertrauensverhältnis durch korrekte Arbeit sehr viele Dinge wesentlich vereinfachen kann. Je besser das Herdenmanagement nach außen wie innen ist, desto größer sind Erfolg und vor allem Befriedigung im Umgang mit den tollen Galloways.

Über eines muß man sich unbedingt von vornehrein und vor Erwerb von Galloways klar sein. Es gibt Freizeitbeschäftigungen oder Professionen, die weniger anstrengend, weniger schmutzig, weniger kapitalaufwendig und weniger zeitraubend sind als Galloway-Haltung und -Zucht. Den Galloways ist es mit ihren Forderungen an den Halter und Pfleger egal, ob Heiligabend ist, eine Party steigen soll, ob es stürmt oder schneit oder gar Mitternacht gerade vorüber ist. Mit den Jahren ist es jedoch dem Galloway-Züchter und seiner Familie auch egal, oder er hat das Hobby schon lange gewechselt. Die Beschäftigung mit der schönsten Kuh der Welt macht süchtig!

So soll es sein. Eine tolle Kuh, ein tolles Kalb!

Kälber sind das Erlebnis

Nur ja nichts übersehen!

Wo ein Wille ist, da ist auch ein Weg

Hoppla - aller Anfang ist schwer

Na, es geht ja doch

Der Erwerb eines Galloway

Wie überall wo gekauft und verkauft wird, findet man auch im Handel mit Vieh schwarze Schafe, es seien hier Begriffe aus dem deutschen Wortschatz wie Kuhhandel oder Roßtäuscher erwähnt. Warum sollte nicht auch gelegentlich bei Besitzerwechsel von Galloways Betrug oder wenigstens Übervorteilung vorkommen? Es hat, wenn auch sehr selten, solche Fälle gegeben und man kann sie auch für die Zukunft nicht generell ausschließen. Wesentlich häufiger ist leider zu beobachten, daß unerfahrene aber begeisterte Galloway-Liebhaber beim Kauf von Tieren nicht genügend Aufklärung über die Anforderungen erfahren. Fairer Weise sollten Verkäufer ihre Kunden umfassend beraten oder der Käufer diese Beratung fordern. Vielleicht findet der eine oder andere Handel nicht statt, aber zufriedene und glückliche Kunden kommen gerne wieder. Man sollte darüber auch das arme Tier nach Fehlkauf nicht vergessen, es hat in der Folge meistens am härtesten darunter zu leiden.

Wer nicht nur Liebhaber von Galloways bleiben mag, sondern auch Besitzer, Halter oder gar Züchter werden will, sollte einige wichtige Empfehlungen sehr genau befolgen, die der Bundesverband Deutscher Galloway-Züchter schon vor Jahren erarbeitet hat und auf Anfrage zustellt. Nur so kann man sicher sein, dauerhaft mit seinen erworbenen Tieren die erhoffte Freude oder im Falle eines Falles wirklich Aussicht auf Ersatz eines Tieres oder der Ausgaben zu haben.

Man sollte ein Tier nur erwerben, welches man vorher gesehen und besser noch in Begleitung eines Kenners seines Vertrauens besichtigt und als fehlerfrei sowie gesund erkannt hat. Es muß bei Abholung oder Lieferung zweifelsfrei als das besichtigte zu identifizieren sein. Man sollte bei der Besichtigung, aber zumindest vor dem Kauf alle Zuchtpapiere überprüfen oder ebenfalls von seinem Vertrauten einsehen lassen. Darüber hinaus sollte der Veterinärstatus der Herde abgefragt und als gesetzeskonform erkennbar sein sowie die Vorlage der Bestätigung durch das zuständige Veterinäramt zum Termin der Übergabe vereinbart werden.

Die Übergabe / Übernahme sollte nur mit Vorliegen aller Dokumente erfolgen und natürlich mit Übergabe des Kaufpreises. Das ist im Viehhandel üblich. Ausnahme wäre bei Abwicklung des Handels über den zuständigen Landesverband für Fleischrinderzucht, da in diesem Fall er die Zuchtpapiere übergibt und die Rechnung ausstellt. Die Veterinärpapiere sind davon nicht betroffen.

Man sollte, um ganz sicher zu gehen, einen Kaufvertrag abschließen oder zumindest eine Rechnung verlangen, auf der alle wichtigen Daten zum Tier aufgelistet und bestätigt sind.

- Identifikation des Tieres durch Ohrmarkennummer und eventuell Tätowierungsnummer.
- Vorgelegte Zuchtpapiere mit exaktem Abstammungsstatus.
- Eigenschaften wie Alter, Trächtigkeit, Körindex oder Einstufung, Farbschlagszugehörigkeit, Freiheit von versteckten aber bekannten Mängeln.
- Bei tragenden Tieren tierärztliche Bestätigung und Gewährleistungsverabredungen.
- Kaufpreis, Erfüllungsort und Gerichtsstand. Nur so hat man im Falle eines Rechtstreites berechtigte Aussicht auf Erfolg.

Nach der Übernahme des Tieres sollte es zunächst in Quarantäne gehalten werden, aber nach Möglichkeit schon Blick- und Rufkontakt zu seiner neuen Herde haben können. Das erleichtert den Tieren und dem Besitzer das Einleben in die Herde. Das Einbringen in die Herde sollte morgens geschehen, da das neue Tier dann Herde, Weide und Einzäunung bis zur Dunkelheit wirklich kennt. Es hat genügend Fälle gegeben, wo ein spät eingebrachtes Tier von den anderen gejagt worden ist und durch die Zäune ging. Es versteht sich eigentlich von selbst, die Eingliederung eines neuen Tieres in die Herde zu beobachten, um im Bedarfsfall sofort eingreifen zu können.

Der wichtigste Rat für den Anfänger ist, sich vor dem Erwerb genau zu überlegen, was er kann und was er will. Man kann Tiere mit den allerbesten Herdbuchpapieren und Körindizes oder Einstufungen für natürlich viel Geld erwerben, um sich damit sicher alle Möglichkeiten bis zur Spitzenzucht zu eröffnen. Man kann aber auch im Gegensatz dazu Galloways ohne Papiere erwerben und hat, wenn es wirklich Galloways sind, seinen Spaß und die Möglichkeit nur der Vermehrung. Hat man dann nur gallowayähnliche Kreuzungstiere erworben, kann man unter Umständen sein blaues Wunder erleben. Sie haben einen anderen Charakter, stellen andere Ansprüche und erbringen nicht die Leistungen von Galloways. Die Erfahrung hat gelehrt, daß hier schon gravierende Fehler gemacht wurden, die kaum zu korrigieren sind.

Der Bundesverband Deutscher Galloway-Züchter e.V. (BDG)

Der 1983 gegründete Rasseverband hat sich in den Jahren seines Bestehens zum gut funktionierenden und allseits geachteten Sachwalter und Interessenvertrer der deutschen Galloway-Züchter gegenüber den und gemeinsam mit den Landesverbänden der Fleischrinderzucht, dem Bundesverband Deutscher Fleischrinderzüchter entwickelt. Er vertritt alle Galloway-Züchter gegenüber den zuständigen Ministerien der Bundesländer und der Bundesrepublik. Der BDG ist Gründungsmitglied des Galloway World-Council und stellt eines von fünf Vorstandsmitgliedern.

Der Bundesverband sieht sich in erster Linie als Dienstleister für seine Mitglieder. Aus diesem Grunde wird seit nunmehr zehn Jahren ein Jahrbuch, das deutsche Galloway-Journal herausgegeben. Es war die erste Schrift eines Rasseverbandes und erfreut sich inzwischen bei den verschiedensten Verbänden und Institutionen großer Beliebtheit und reger Nachfrage. Seit drei Jahren erscheinen in loser Folge bis zu achtmal jährlich aktuelle Informationen im „Galloway-Info". Weiterhin hat der Verband ausführliches und einheitliches Werbematerial über die Rasse Galloway wie Videofilm, Faltblätter und Informationsbroschüren für seine Mitglieder erstellt, sowie eine Homepage im Internet eingerichtet. Dort sind allerdings einige Seiten nur für Verbandsmitglieder zugänglich.

Der Vorstand des Verbandes besteht aus sieben Mitgliedern und wird für jeweils vier Jahre gewählt. Auf den Jahreshauptversammlungen im Frühjahr werden die üblichen Regularien behandelt, aber auch Betriebsbesichtigungen, Vorträge und der Züchterabend genutzt, sich besser kennen und verstehen zu lernen. Im Zweijahresrythmus wird als Schaufenster der Arbeit der deutschen Galloway-Züchter in Alsfeld/Hessen als zentralem Austragungsort eine offene Bundesschau abgehalten, die natürlich auch mit einem großen Züchterabend verbunden wird.

Bis heute ist der BDG der einzige Rasseverband in Deutschland, der seit Jahren regelmäßig Bildungsreisen und nach Interesse und Bedarf Seminare und Lehrgänge zur Fortbildung anbietet und durchführt.

Anschriften

Bundesverband Deutscher Fleischrinderzüchter und -halter e. V. (BDF)
Adenauerallee 174, 53113 Bonn
Tel.: 0228/213411, Fax: 223497

Landesverbände der deutschen Fleischrinderzucht

Verband Schleswig-Holsteiner Fleischrinderzüchter e.V. (FRZ) Tel.: 04 31 / 33 89 16
Steenbeker Weg 151, 24106 KIEL Fax: 04 31 / 33 71 47

Rinderzucht Schleswig-Holstein e. G. (RSH) Tel.: 0 43 21 / 90 53 05
Abt. Fleischrinder Fax: 0 43 21 / 90 53 95
Rendsburger Str. 178, 24537 NEUMÜNSTER

Zuchtrinder-Erzeugergemeinschaft Hannover e. G. (ZEH) Tel.: 0 42 31 / 6 79 14
Abteilung Fleischrinder Fax: 0 42 31 / 6 79 16
Lindhooper Str. 103, 27283 VERDEN/A.

Fleischrinder-Herdbuch Bonn e. V. (FHB) Tel.: 02 28 / 63 30 29
Endenicher Allee 60, 53115 BONN Fax.: 02 28 / 63 10 58

Zucht- und Besamungsunion Hessen e. G. (ZBH) Tel.: 0 66 31 / 7 84 10
Abt. Fleischrinder, An der Hessenhalle 1, 36304 ALSFELD Fax: 0 66 31 / 7 84 48

Fleischrinderverband Bayern e. V. (FVB) Tel.: 09 81 / 48 84 10
Jüdtstr. 1, 91522 ANSBACH Fax: 09 81 / 4 88 41 11

Rinderzuchtverband Baden-Württemberg (RZV), Abt. Fleischrinder Tel.: 0 70 32 / 50 93
Benzstr. 26, 71083 HERRENBERG Fax: 0 70 32 / 2 21 52

Fleischrindverband e. V. Berlin, Brandenburg, Meckl.-Vorpommern Tel.: 03 97 78 / 2 04 05
(FRV), Jahnweg 12, 17379 FERDINANDSHOF Fax: 03 97 78 / 2 04 06

RBB Rinderproduktion Berlin-Brandenburg GmbH (RBB) Tel.: 0 33 27 / 7 33 00
Abt. Fleischrinder, Mielestr. 2, 14542 WERDER Fax: 0 33 27 / 73 30 99

Rinderzucht Mecklenburg-Vorpommern (RMV) Tel.: 03 87 38 / 73 00
Abt. Zucht und Vermarktung Fax: 03 87 38 / 7 30 50
Zarchliner Str. 7, 19395 KAROW

Rinderzuchtverband Sachsen-Anhalt e. G. (RSA) Tel.: 03 45 / 5 21 49 63
Abt. Fleischrinder Fax: 03 45 / 5 21 49 61
Angerstr. 6, 06118 HALLE/SAALE

Landesverband Thüringer Rinderzüchter e. G. (LTR) Tel.: 03 61 / 7 91 44 12
Abteilung Fleischrinder Fax: 03 61 / 7 91 42 46
Stotternheimer Str. 19, 99087 ERFURT

Sächsischer Rinderzuchtverband (SRV) Tel.: 03 51 / 2 52 73 00
Abteilung Fleischrinder Fax: 03 51 / 2 52 73 06
Winterbergstr. 98, 01237 DRESDEN

Quelle: Statistischer Jahresbericht 1998 BDF

Zwei Monate altes Bullkalb - ein schicker!

Das 1998 gegründete Galloway-World-Council und seine Mitgliedsverbände

Galloway Cattle Society of Great Britain and Ireland
15 New Market Street, Castle Douglas, DG7 1H4
Telefon / Fax: 01556 502753

Canadian Galloway Association
2417 Holly Lane, Ottawa
Ontario, Canada K1V OM7
Telefon: (613) 731-7110, Fax: (613) 731-0704

Australian Galloway Association, Inc.
PO Box 531, Wodonga
Victoria 3689, Australia
Telefon: (02) 60273361, Fax: (02) 6027 3454

Galloway Foreningen Danmark
Brondholtog 91
DK 4340 Tollose
Telefon: 5918 9291, Fax: 5918 9281

American Galloway Breeders' Association
310 West Spruce
Missoula, Montana 59802
Telefon: (406) 728 - 5719, Fax: (406) 721 - 6300

Galloway Cattle Society of New Zealand
Secretary Barry McAlley
Monument Road, Clevedon R. D. 2
Papakura, New Zealand
Telefon / Fax: 64 9 2928652

Swiss Galloway Society
Rufelistrasse 7
CH-3626 Hunibach, Switzerland
Telefon: 033 243 4447, Fax: 031 302 2343

Belted Galloway Society, Inc.
5584 Shaver Mill Road
Linville, Virginia 22834
USA
Telefon: (540) 833 - 6448, Fax: (540) 833 - 6449

Bundesverband Deutscher Galloway-Züchter e. V.
Godesberger Allee 142 - 148
53175 Bonn
Telefon: 0228 371755, Fax: 0228 371850

Galloway Cattle and Beef Marketing Association
Nelson Quinn
109 Holmwood Road
Wallaroo, NSW 2618, Australia
Telefon: 61 2 6230 2372, Fax: 61 2 6230 2940

Belted Galloway Cattle Society
J. M. C. Rutherford, Rutherford Lodge
Kelso, TD5 8NW, Scotland
Telefon: 01835 823757, Fax: 01835 824401

Czech Beef Breeders Association, Club Galloway
Tonov 17, 11705 Prag 1
Czech Republik
Telefon: 00420-60150 8013, 00420-22181 2865, Fax: 00420-22421 9062

Austrian Galloway Association, AGA
Ing. Josef Winkler
5440 Scheffau 10 A
Austria
Telefon / Fax: 0043 6244 8791

Australian Belted Galloway Association, Inc.
PO Box 108, Good Wood
South Australia 5034
Telefon: (08) 8210 5231, Fax: (08) 8231 4173

Australian Miniature Galloway Society
Nelson Quinn
109 Holmwood Road
Wallaroo , NSW 2618
Telefon: 612 6230 2372, Fax: 612 6230 2940

Riggets schauen Dich an - faszinierende Typen

A Farmer's Boy

They strolled down the lane together,
The Sky was studded with stars.
They reached the gate in silence,
And he lifted down the bars.
She neither smiled nor thanked him,
Because she knew not how:
For he was just a farmer's boy
and she was a Galloway cow.

alter britischer Reim

Die Galloway-Tratschtanten
seit 1995 im Galloway-Journal

„Jetzt hat er auch noch ein Buch geschrieben"
„In Echt?" „In Echt!" „Wir stehen auf der letzten Seite!"